中国出版"走出去"重点图书出版计划立项
北大主干基础课教材立项
北大版商务汉语教材·新丝路商务汉语系列

新丝路

New Silk Road Business Chinese

初级商务汉语综合教程 I

李晓琪　主编
章　欣　编著

北京大学出版社
PEKING UNIVERSITY PRESS

图书在版编目(CIP)数据

新丝路——初级商务汉语综合教程.Ⅰ/李晓琪主编;章欣编著.—北京:北京大学出版社,2017.1
(北大版商务汉语教材.新丝路商务汉语系列)
ISBN 978-7-301-20349-1

Ⅰ.①新… Ⅱ.①李…②章… Ⅲ.①商务—汉语—对外汉语教学—教材 Ⅳ.①H195.4

中国版本图书馆CIP数据核字(2012)第032097号

书　　名	新丝路——初级商务汉语综合教程Ⅰ XINSILU——CHUJI SHANGWU HANYU ZONGHE JIAOCHENG I
著作责任者	李晓琪　主编　　章欣　编著
责任编辑	邓晓霞
标准书号	ISBN 978-7-301-20349-1
出版发行	北京大学出版社
地　　址	北京市海淀区成府路205号　100871
网　　址	http://www.pup.cn　　新浪微博:@北京大学出版社
电子信箱	zpup@pup.cn
电　　话	邮购部 62752015　发行部 62750672　编辑部 62753334
印 刷 者	北京宏伟双华印刷有限公司
经 销 者	新华书店
	889毫米×1194毫米　16开本　12.75印张　205千字 2017年1月第1版　2024年6月第3次印刷
定　　价	68.00元

未经许可,不得以任何方式复制或抄袭本书之部分或全部内容。
版权所有,侵权必究
举报电话:010-62752024　电子信箱:fd@pup.pku.edu.cn
图书如有印装质量问题,请与出版部联系,电话:010-62756370

新丝路初级商务汉语综合教程
编写说明

适用对象

本教材是"新丝路商务汉语综合系列教材"的初级部分,包含Ⅰ、Ⅱ两册,适用于能进行最简单而有限交际的汉语初学者。学完两册教材之后,学习者能够运用汉语就与商务活动相关的日常生活话题与他人进行沟通和交流,并完成简单的商务活动。

教材特点

培养学习者商务场景的交际能力是本套教材的主要特点。课文内容以话题与交际功能为纲进行编排,注重培养学习者在日常生活、简单的社会交往和一般工作中运用汉语进行基本交际的能力。教材借鉴任务型语言教学的基本理念,所选内容均是生活与职场环境常见的交际任务。考虑到学习者的学习需求与汉语水平,第一册选取的全部是生活类任务,例如购物结账、问路指路、询问时间、谈论天气等;第二册不仅适当扩展与深化了生活类任务的难度,还有针对性地增加了若干简单的商务类任务,如货币兑换、招聘面试、签署合同等,以确保教学内容更加贴近商务人士的日常生活与工作,提升教材的实用性。

教材注重发展学习者的口头表达和口语交际能力,练习设计紧紧围绕这一目的展开。"准备"与"会话"部分的"练一练",强化训练特定任务的必需或常用表达形式,引导学习者模仿课文完成与之内容相近的练习,为完成真实的交际任务提供辅助的支架;"实践"部分设计的活动则要求学生综合运用各个重点表达形式,与同伴或小组成员通过交流互动、意义协商等实践真实、完整的交际任务。

为引起学习者的兴趣,营造真实的语言使用情景,每课配有大量的图片与图表。书后生词表包含了"准备"与"会话"板块的生词,同时另附日语与韩语翻译,便于不同母语背景的学习者学习。

教材体例

该套教材分Ⅰ、Ⅱ两册,每册14课,全书共28课。每课内容包括六大板块:

1."准备"板块主要讲练特定交际任务所必需或常用的表达形式,夯实学习者的语言基础。

2."会话"板块包括1~2个以实际场景为背景的对话或小短文,为学习者提供特定交际任务的典型范例,供其学习、模仿与借鉴。

3. "实践"板块是综合性的任务练习，需要学习者综合运用"准备"和"会话"板块学习的语言技能去完成日常生活或职场情景中若干常见的任务和活动。

4. "总结"板块归纳了谈论特定话题或完成交际任务的常用句式，真实自然，便于学习者掌握。

5. "你想学习更多吗？"板块补充与课文内容相关的词语，扩大学习者的词汇量。

6. 上册的"说一说"与下册的"附录"板块包括绕口令、商务常用表达或相关知识介绍，吸引学习者的兴趣，增强教学内容的实用性和挑战性。

使用建议

教材内容较为丰富，我们建议每课学习时间约为5~6个课时。由于每课的板块由很多小环节组成，教师在教学过程中可以根据学习者汉语水平和具体教学要求有所取舍。有些练习可以放到课外由学习者分组完成，在新一轮教学开始前，教师以适当的方式进行检查和评价即可。"说一说"或"附录"部分仅供师生参考，可不作为教学内容。

在编写过程中，主编李晓琪教授就编写原则、大纲设计、任务确定以及诸多细节问题都给予了悉心指导；北京大学出版社的邓晓霞编辑做了大量认真细致的工作；首都师范大学毕晓燕博士与北京外国语大学博士研究生李铃，韩国又松大学林娟廷博士分别为教材生词做了日语和韩语翻译。在此向以上各位一并致以诚挚的谢意！

衷心希望本教材能够为初级汉语学习者提供方便，真诚欢迎使用者提出宝贵的意见和建议。

编者
2016年10月

主要人物表

David 美国人
27~28岁
学习汉语的
商务人士

山本 日本人 留学生
David的同学

Anna 西班牙人
留学生
David的好朋友

Martin 英国人
王乐的同事

Jennifer 法国人
医生 Anna的朋友

王乐 华裔 公司职员
David的朋友

课堂常用语

略语表

名	名词	noun
动	动词	verb
形	形容词	adjective
数	数词	numeral
量	量词	measure word
代	代词	pronoun
副	副词	adverb
介	介词	preposition
连	连词	conjunction
助	助词	particle
叹	叹词	interjection
拟声	拟声词	onomatopoeia

	话题 Topic	交际功能 Function	课文题目 Title	语言点 Grammar	
Dì-yī Kè 第一课	购物	购物结账	Duōshǎo Qián? 多少 钱？	■ 钱数表示法 ■ 数量结构 ■ 疑问词"多少"	1
Dì-èr Kè 第二课	交通	乘坐出租车	Nín Qù Nǎr? 您去哪儿？	■ 疑问词"哪儿" ■ 简单的方位词	15
Dì-Sān Kè 第三课	联系	电话应答 自我介绍	Nín Shì Shuí? 您是谁？	■ 电话号码表示法 ■ 疑问词"谁" ■ "是"字句	29
Dì-Sì Kè 第四课	问路	问路和指路	Qù Yínháng Zěnme Zǒu? 去 银行怎么走？	■ 疑问词"怎么" ■ 先……然后……	41
Dì-wǔ Kè 第五课	日期	询问时间 邀请	Jiǔyuè Wǔ Hào Shì Xīngqī Jǐ? 9月5号是星期几？	■ 日期表示法 ■ 钟点表示法 ■ 疑问词"几"	55
Dì-liù Kè 第六课	饮食	点菜	Nín Yào Diǎnr Shénme? 您要点儿什么？	■ 疑问词"什么" ■ 有点儿+形容词 ■ 用"吗"提问	67
Dì-qī Kè 第七课	天气	谈论天气 征求意见	Míngtiān Tiānqì Zěnmeyàng? 明天天气怎么样？	■ 疑问代词"怎么样" ■ "比"字句	79

Dì-bā Kè 第八课	住宿	入住宾馆	Yǒu Dānrénjiān Ma? 有 单人间 吗？	■ "有"字句 ■ 用肯定与否定形式相叠提问 ■ 询问数字 ■ 房间号码的表示法	91
Dì-jiǔ Kè 第九课	银行	存款	Nín Cún Huóqī Háishì Cún Dìngqī? 您存活期还是存定期？	■ 用"……还是……"提问 ■ 用疑问副词"多"提问 ■ 小数的表示	105
Dì-shí Kè 第十课	购物	问价 讲价	Piányi Yì Diǎnr Ba! 便宜一点儿吧！	■ 太……了 ■ 形容词＋一点儿 ■ "的"字结构	117
Dì-shíyī Kè 第十一课	家庭	介绍他人	Zhège Rén Shì Shuí? 这个人是谁？	■ 用疑问副词"多"提问 ■ 用"呢"提问	129
Dì-shí'èr Kè 第十二课	交通	购买机票 征求意见	Wǒ Yào Mǎi Yì Zhāng Jīpiào 我要买一张 机票	■ 从……到…… ■ 用"行吗/可以吗"提问 ■ "半"的表示	143
Dì-shísān Kè 第十三课	住宿	租房	Nín Xiǎng Zū Duō Dà de Fángzi? 您 想租多大的房子？	■ 用疑问副词"多"提问 ■ 数量结构＋左右 ■ 一……就	157
Dì-shísì Kè 第十四课	假期 安排	假期安排 祝愿	Jiàqī Nǐ Dǎsuan Zuò Shénme? 假期你打算做什么？	■ 快（要）……了 ■ 动词＋过 ■ 祝＋代词＋……	169
			生词总表		181
			语言点索引		191

第一课
Dì-yī Kè

多少钱？
Duōshǎo Qián?

目标

① **交际功能**
购物结账

② **语言点**
钱数表示法
数量结构
疑问词"多少"

学一学

一、汉语中的数字 The numbers of Chinese

0–10

líng	yī	èr	sān	sì	wǔ	liù	qī	bā	jiǔ	shí
零	一	二	三	四	五	六	七	八	九	十
0	1	2	3	4	5	6	7	8	9	10

11–100

shíyī	shísì	shíbā	èrshí	sānshíyī	wǔshíliù	jiǔshíjiǔ	yìbǎi
十一	十四	十八	二十	三十一	五十六	九十九	一百
11	14	18	20	31	56	99	100

101–1000

yìbǎi língyī	yìbǎi língjiǔ	yìbǎi yīshí	wǔbǎi liùshíqī	jiǔbǎi língjiǔ	yìqiān
一百零一	一百零九	一百一十	五百六十七	九百零九	一千
101	109	110	567	909	1000

说明：汉语中两位数以上的10读作"一十"。如：310读作三百一十。

Note: In Chinese 10 in more than two-digit is often read as "yīshí", eg. 310 is often read as "sānbǎi yīshí".

二、人民币 RMB

人民币的单位 The Unit of RMB

书面 Formal	口语 Oral
元 yuán	块 kuài
角 jiǎo	毛 máo
分 fēn	分 fēn

钱数的表达 Express Monetary Amounts

1. 书面语（Formal）：数字 元 + 数字 角 + 数字 分

3.56元	三	元	五	角	六	分
8.90元	八	元	九	角		
0.70元			七	角		
20.03元	二十	元	零		三	分

3

2. 口语（Oral）：数字 块 + 数字 毛 + 数字 分

3.56元	三	块	五	毛	六	分
8.90元	八	块	九	毛		
0.70元			七	毛		
20.03元	二十	块		零	三	分

说明：当"分"、"毛"在钱数表达的末尾时，可以省略。如："三块五毛六分"、"八块九毛"可以说成"三块五毛六"、"八块九"。

Note：When the "分" or "毛" at the end of the expression of RMB, it can be omitted, e.g."三块五毛六分""八块九毛" is often said as "三块五毛六""八块九"。

三、询问价格 Asking about the price

数量结构 The numerical-quantitative structure

数词 + 量词 + 名词　　Numeral + Measure Word + Noun

例如：

第一课　多少钱？
Dì-yī Kè　Duōshǎo Qián?

> 说明：数量结构中，"2"在量词前，常读作"两"。例如："两个面包""两盒牛奶"。
>
> Note: In the numerical-quantitative structure, 2 is often said as "两" (liǎng) when it is in front of the measure word, e.g. "两个面包""两盒牛奶".

询问价格　Ask about the price

数词 + 量词 + 名词 + 多少钱？

一个 (yí ge) 面包 (miànbāo)
两瓶 (liǎng píng) 可乐 (kělè)
一条 (yì tiáo) 裤子 (kùzi)
→ 多少钱？

练一练

一、读数字　Read the following numbers in Chinese

| 8 | 15 | 2 | 310 | 506 | 997 |

二、读钱数　Read the following monetary amounts in Chinese

	书面语（Formal）	口语（Oral）
106.00元		一百零六块
20.30元	二十元三角	
15.55元		十五块五毛五
9.01元		九块零一
0.45元	四角五分	

三、替换练习 Substitution drill

一个面包 多少钱？

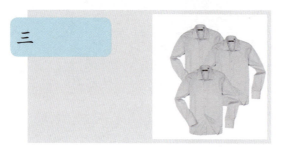

学一学

一、词语准备 New words

1	收银员	shōuyínyuán	名	cashier
2	一共	yígòng	副	altogether
3	多少	duōshǎo	代	how much
4	钱	qián	名	money
5	给	gěi	动	give

第一课 多少钱？
Dì-yī Kè Duōshǎo Qián?

6	你	nǐ	代	you
7	您	nín	代	you (with respect)
8	找	zhǎo	动	give (change)
9	欢迎	huānyíng	动	welcome
10	下次	xià cì		next time
11	光临	guānglín	动	presence

二、对话 Dialogue

收银员：可乐三块五，牛奶六块三，面包四块二，一共十四块。
Kělè sān kuài wǔ, niúnǎi liù kuài sān, miànbāo sì kuài èr, yígòng shísì kuài.

David：多少钱？
Duōshǎo qián?

收银员：一瓶可乐三块五，一盒牛奶六块三，一个面包四块二，一共十四块。
Yì píng kělè sān kuài wǔ, yì hé niúnǎi liù kuài sān, yí ge miànbāo sì kuài èr, yígòng shísì kuài.

David：给你十五块。
Gěi nǐ shíwǔ kuài.

收银员：找您一块，欢迎下次光临。
Zhǎo nín yí kuài, huānyíng xià cì guānglín.

7

练一练

一、询问价格　Asking about the price

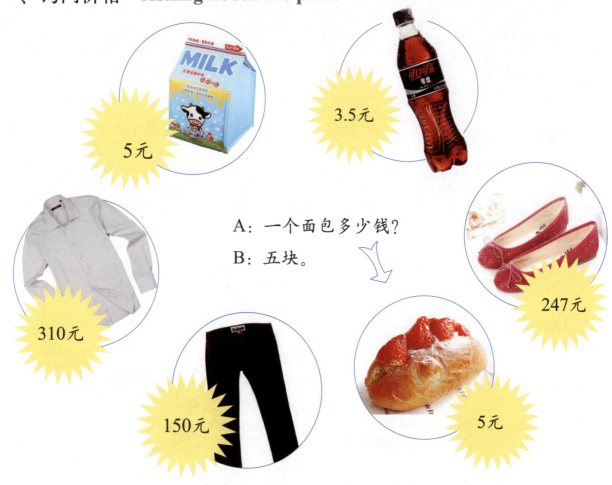

A：一个面包多少钱？
B：五块。

5元
3.5元
247元
310元
150元
5元

二、参考练习一的价格，结账
Settle accounts according to the above price

A：面包五块，可乐三块五，一共八块五。
B：多少钱？
A：一个面包五块，一瓶可乐三块五，一共八块五。
B：给你十块。
A：找您一块五，欢迎下次光临。

第一课 多少钱？

三、参考练习一的信息，完成对话
Complete the following dialogue according to the information in exercise 1

A
1. 多少钱？

3. 给你_____。

B
2. 衬衫_____，裤子_____，一共_____。

4. 找您_____，欢迎下次光临。

实 践

一、根据购物小票，模拟结账的情景
Simulate the scene to settle accounts according to the receipt

Carrefour		
Name	Amount	Price
可乐	1	¥ 3.00
面包	1	¥ 5.50
牛奶	1	¥ 6.00
总计（Total）		¥ 14.50
实收（Payment）		¥ 15.00
找零（Change）		¥ 0.50

欢迎下次光临！

A：可乐……，面包……，牛奶……，一共……。
B：多少钱？
A：一瓶可乐……，一个面包……，一盒牛奶……，一共……。
B：给你……。
A：找您……，欢迎……。

二、选择你需要的货品放入购物车，然后结账
Put the goods you needed in your shopping cart, and then settle accounts

A：……，一共……。
B：……？
A：……，一共……。
B：给你……。
A：找您……，欢迎……。

170元/件　　100元/条　　5.8元/盒

3.5元/瓶　　5.50元/个　　247元/双

三、小组活动：调查价格　Group work: investigating the price

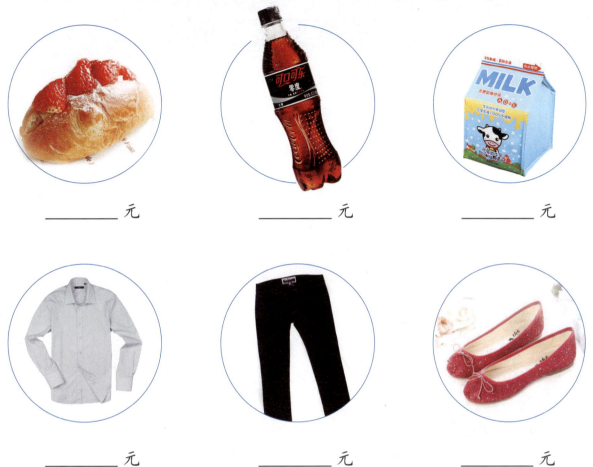

_____ 元　　　_____ 元　　　_____ 元

_____ 元　　　_____ 元　　　_____ 元

购物结账常用表达　Useful expressions of checkout

1. 一瓶可乐（一盒牛奶/一个面包……）多少钱？

2. 一瓶可乐（一盒牛奶/一个面包……）三块五（六块三/四块二……）。

3. 给你十块。

4. 找您六块五。

你想学习更多吗？

将下面的图片及其名称用线连起来
Connect the following pictures with the suitable name

食品 Food

suānnǎi　hé
酸奶（盒）

jīdàn　gè
鸡蛋（个）

kuàngquánshuǐ　píng
矿泉水　（瓶）

hànbǎobāo　gè
汉堡包（个）

píjiǔ　píng
啤酒（瓶）

Dì-yī Kè Duōshǎo Qián?
第一课　多少钱？

服装 Clothes

wàzi　shuāng
袜子（双）

T-xù　jiàn
T恤（件）

wéijīn　tiáo
围巾（条）

lǐngdài　tiáo
领带（条）

shàngyī　jiàn
上衣（件）

小组活动 Group work

你怎么说？How to say?

1. 在超市，购买食品后结账
   Settle accounts when you buy the food in the supermarket

2. 在商店，购买服装后结账
   Settle accounts when you buy the clothes in the shop

A：……，一共……。
B：……？
A：……，一共……。
B：给你……。
A：找您……，欢迎……。

说一说

十和四
Shí hé sì

四是四, 十是十,
Sì shì sì, shí shì shí,

十四是十四, 四十是四十,
shísì shì shísì, sìshí shì sìshí,

请来试一试。
qǐng lái shì yi shì.

第二课 您去哪儿？
Dì-èr Kè Nín Qù Nǎr?

目标

① 交际功能
乘坐出租车

② 语言点
疑问词"哪儿"
简单的方位词

准 备

学一学

一、询问去哪儿 Asking about the destination

问 qù nǎr ……+去+哪儿？	答 qù ……+去+……	
David 去哪儿？	David 去 chāoshì 超市 supermarket	
Anna 去哪儿？	Anna 去 yínháng 银行 bank	
你去哪儿？	我去 yīyuàn 医院 hospital	
你去哪儿？	我去 fàndiàn 饭店 restaurant	

16

二、方位 Position

简单的方位词 Simple position words

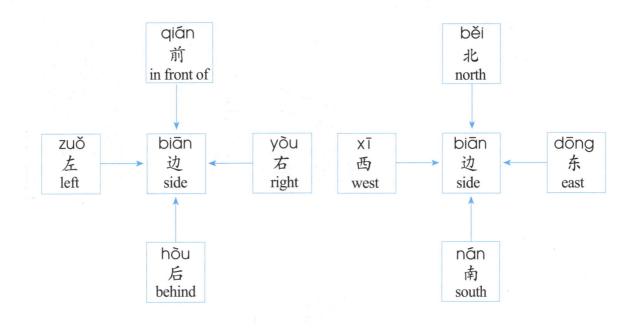

方位的表示 Expressing the position

问	答
A + 在 + 哪儿? (zài nǎr)	A 在 B + 方位词。(zài)
收银员在哪儿?	收银员在David后边。
超市在哪儿?	超市在您前边。
银行在哪儿?	银行在医院南边。
饭店在哪儿?	饭店在医院东边。

新丝路——初级商务汉语综合教程Ⅰ

练一练

一、回答问题 Answer the following questions

1. A：Anna去哪儿？
   B：Anna去_____。

2. A：你去哪儿？
   B：我去_____。

二、根据图示，完成句子
Complete the following sentences according to the pictures

1. 收银员在Daivd右边，David在可乐_____。

第二课　您去哪儿？

2. 银行在饭店北边，

  医院在饭店_____。

3. 医院在超市_____，

  银行在超市_____。

会　话

学一学

一、词语准备 New words

1	出租车	chūzūchē	名	taxi
2	司机	sījī	名	driver
3	好	hǎo	形	fine，good
4	去	qù	动	go
5	哪儿	nǎr	代	where
6	我	wǒ	代	I; me
7	在	zài	动	be at，be on
8	中国	Zhōngguó	专名	China
9	到	dào	动	reach
10	了	le	助	particle
11	谢谢	xièxie	动	thank you
12	不客气	bú kèqi		You are welcome.

19

二、对话 Dialogue

出租车司机：您好，您去哪儿？
Nín hǎo, nín qù nǎr?

Anna：我去超市。
Wǒ qù chāoshì.

出租车司机：超市在哪儿？
Chāoshì zài nǎr?

Anna：在中国银行东边。
Zài Zhōngguó Yínháng dōngbiān.

……

出租车司机：到了，超市在您前边。
Dào le, chāoshì zài nín qiánbiān.

Anna：谢谢。
Xièxie.

出租车司机：不客气。
bú kèqi

练一练

一、看图说话

Complete the following dialogues according to the pictures

你去哪儿？

我去超市。

第二课 您去哪儿？

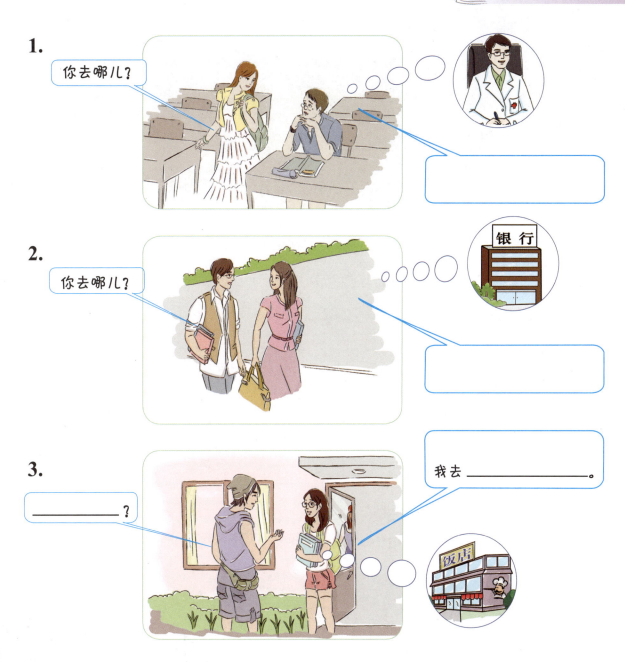

二、模仿例子进行对话 Make dialogues by imitating the example

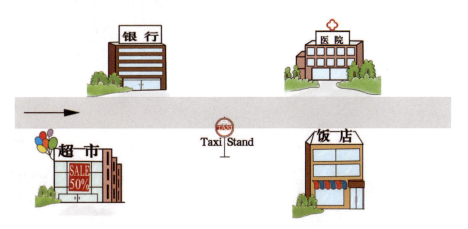

例如：去超市

A：您好，您去哪儿？
B：我去超市。
A：超市在哪儿？
B：在银行南边。
……
A：到了，超市在您后边。
B：谢谢。

1. 去银行
2. 去医院
3. 去饭店

三、根据地图，完成对话
Complete the dialogue according to the map

A：您好，_____？
B：我去国大医院。
A：_____在哪儿？
B：_____在_____。
……
A：到了，医院在您_____。
B：谢谢！

第二课　您去哪儿？

实　践

一、**David**要去中国银行，请根据地图，完成对话
David is going to China Bank. Please complete the following dialogue according to the map.

出租车司机：您好，_____？

David：我去_____。

出租车司机：_____？

David：中国银行在上海饭店_____，在医院_____。

　　　……

出租车司机：_____，_____在您_____。

David：谢谢！

二、根据图示，完成对话
Complete the following dialogue according to the pictures

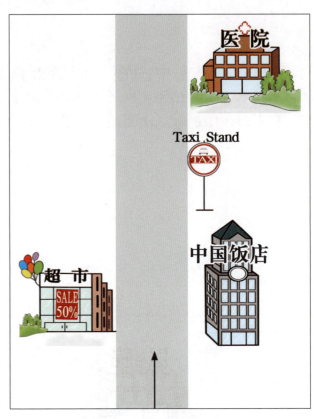

出租车司机：您好，_____？

　　Anna：我去_____。

出租车司机：_____？

　　Anna：中国饭店在医院_____，在超市_____。

　　　　　……

出租车司机：到了，_____在您_____。

　　Anna：_____！

三、小组活动：画出你常去的超市、银行、饭店、医院，并告诉朋友它们的位置

Group work：please draw the supermarket, the bank, the restaurant and the hospital which you often to go, and tell your partner where they are.

坐出租车常用表达　Useful expressions of taking taxi

1. 您去哪儿？

2. 我去银行（超市／饭店／医院……）。

3. 银行在哪儿？

4. 银行（超市／……）在饭店（医院／……）前边（左边／东边／……）。

5. 到了，银行（超市／……）在您前边（左边／东边／……）。

你想学习更多吗？

将下面的图片及其名称用线连起来
Connect the following pictures with the suitable name

交通工具 Vehicle

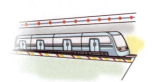

huǒchē
火车

fēijī
飞机

dìtiě
地铁

gōnggòng qìchē
公共 汽车

zìxíngchē
自行车

场所 Place

bǎihuò shāngdiàn
百货 商店

diànyǐngyuàn
电影院

jiǔbā
酒吧

xuéxiào
学校

yóujú
邮局

第二课　您去哪儿？

小组活动 Group work

1. 你家附近有下面这些地方吗？请画出它们的位置。
   Are the following places near from your house? Please draw their position.

2、你怎么说？How to say?

(1) 坐出租车去百货商店
　　 Go to the shopping mall by taxi

(2) 坐出租车去看电影
　　 Go to the cinema by taxi

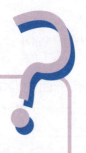

A：您好，您去哪儿？
B：我去……。
A：……在哪儿？
B：……在……。
　……
A：到了，……在您……。
B：谢谢！

说一说

Yùnhé hé Tōngzhōu
运河 和 通州

Dōng yùnhé, xī yùnhé, dōng xī yùnhé yùn dōng xī.
东运河，西运河，东西运河运东西。

Nán Tōngzhōu, běi Tōngzhōu, nán běi Tōngzhōu tōng nán běi.
南通州，北通州，南北通州通南北。

第三课 您是谁？
Dì-sān Kè　Nín Shì Shuí?

 目标

① 交际功能
- 电话应答
- 自我介绍

② 语言点
- 电话号码表示法
- 疑问词"谁"
- "是"字句

学一学

一、询问是谁 Asking about the person

问	答
……+ 是(shì) + 谁(shuí) who ?	……+ 是(shì) + ……。
你是谁？	我是David。
她(tā) she 是谁？	她是Anna。
他(tā) he 是谁？	他是Martin。

二、电话号码 Telephone number

电话号码的读法 Read the telephone numbers

电话号码	读 法
62753490	liù èr qī wǔ sān sì jiǔ líng
4008203579	sì líng líng bā èr líng sān wǔ qī jiǔ
13631690998	yāo sān liù sān yāo liù jiǔ líng jiǔ jiǔ bā

说明：读号码时，"1" 常读作 "yāo"。
Note：1 is often read as "yāo" in the telephone number.

第三课　您是谁？
Dì-Sān Kè　Nín Shì Shuí?

介绍电话号码　Introduce the telephone number

……的 电话 号码 + 是 + ……。
（de diànhuà hàomǎ　shì）

	是	
我的电话号码		61234772。
David 的电话号码		82659330。
Anna 的电话号码		13682235726。

练一练

一、替换练习　Substitution drill

1. 他是谁？　　　　　他是_____。

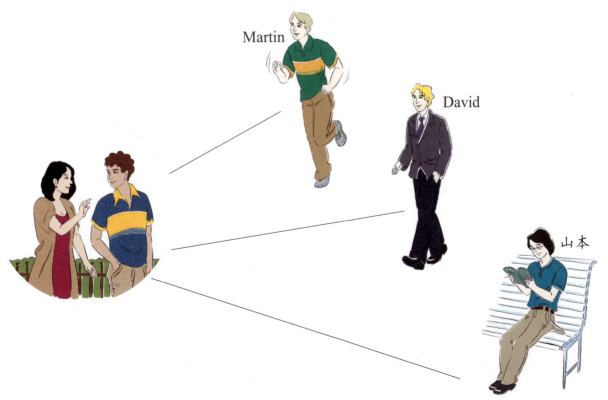

Martin　David　山本

31

2. 您是谁？　　　　我是_____

Wáng Lè
王乐

Jennifer

Martin

二、读电话号码 Read the following telephone numbers

51605177　　　　13901037447　　　　65158075　　　　15904298381

学一学

一、词语准备 New words

| 1 | 喂 | wèi | 叹 | Hello |

2	找	zhǎo	动	find
3	不	bù	副	no, not
4	请	qǐng	动	please
5	回来	huílai	动	be back
6	后	hòu	名	after
7	打	dǎ	动	call
8	电话	diànhuà	名	telephone
9	的	de	助	particle
10	号码	hàomǎ	名	number
11	是	shì	动	be

二、对话　Dialogue

王乐：喂，你好，我找 David。
（Wèi, nǐ hǎo, wǒ zhǎo David.）

Anna：他不在，您是……
（Tā bú zài, nín shì……）

王乐：我是王乐，请他回来后给我打电话。
（Wǒ shì Wáng Lè, qǐng tā huílai hòu gěi wǒ dǎ diànhuà.）

我的电话号码是 6 3 4 1 2 5 4 0。
（Wǒ de diànhuà hàomǎ shì liù sān sì yāo èr wǔ sì líng.）

Anna：6 3 4 1 ……
（Liù sān sì yāo……）

王乐：6 3 4 1 2 5 4 0。
（Liù sān sì yāo èr wǔ sì líng.）

Anna：好的。
（Hǎo de.）

练一练

一、看图说话 Introduce your telephone number according to the pictures

例如：我是David，我的电话号码是64758120。

Anna
51364452

山本
62774536

Jennifer
13911587910

王乐
63412540

二、根据练习一中的信息，进行对话
Make dialogues according to the above information

例如：Jennifer给山本打电话，山本不在。

A：喂，你好，我找山本。
B：他不在，您是……
A：我是Jennifer，请他回来后给我打电话。我的电话号码是13911587910。
B：139……
A：13911587910。
B：好的。

1. David给王乐打电话，王乐不在。
2. 山本给Jennifer打电话，Jennifer不在。
3. 王乐给Anna打电话，Anna不在。

三、你给朋友打电话，可是他／她不在，请完成对话。
You call your friend, but he/she is not here. Please complete the following dialogue.

A	B
1. 喂，_____，我找_____。	2. 他／她不在，_____。
3. 我是_____，请他／她_____。我的电话号码是_____。	4. _____ _____，好的。

35

一、根据图示完成对话
Complete the following dialogue according to the pictures

A：喂，……，我找王乐。

B：他不在，您是……

A：我是Martin，请他……，我的电话号码是……

B：……

A：……

B：好的。

二、根据留言，模拟David打电话的情景
Simulate the scene that David called according to the message

Anna:
　　Jennifer 找你，你不在。你回来后给她打电话。她的电话号码是13503512979。

　　　　　　　　　　　　　　　　　　David

Jennifer：喂，……，我找……

David：她……，您是……

Jennifer：我是……，请她回来后……，我的电话号码是……

David：13503……

Jenniferl：……

David：好的。

三、小组活动：询问三位朋友的电话，并写在通信录中

Group work: ask the telephone number of your three friends, and write them down in your address list.

xìngmíng　　　　　　　　　　　　diànhuà
姓名 / name: _____　　　电话 / Tel: _____
xìngmíng　　　　　　　　　　　　diànhuà
姓名 / name: _____　　　电话 / Tel: _____
xìngmíng　　　　　　　　　　　　diànhuà
姓名 / name: _____　　　电话 / Tel: _____

打电话常用表达　Useful expressions of calling

1. 喂，你好，我找David（Anna……）。

2. 请他回来后给我打电话。

3. 我的电话号码是62312540。

自我介绍常用表达　Useful expressions of introducing oneself

1. 您是……

2. 我是David（Anna……）。

你想学习更多吗？

将下面的图片及其名称用线连起来
Connect the following pictures with the suitable name

通讯工具 Means of communication

zuòjī
座机

shǒujī
手机

chuánzhēn
传真

diànzǐ yóujiàn
电子邮件

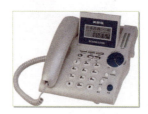

职业 Occupation

yīshēng
医生

lǜshī
律师

shòuhuòyuán
售货员

jiàoshī
教师

mìshū
秘书

第三课 您是谁？

小组活动 Group work

1. 向你的朋友介绍马可。 Introduce Michael to your partner.

大成律师事务所

马 可
律 师

地址：北京贵友酒店B座 18–19楼
邮编：100082
电话：010-8378 9885
手机：13917550248
传真：010-8207 5163
电子邮箱：michael@hotmail.com

马可是_____，他的座机号码是_____，手机号码是_____，传真号码是_____，电子邮箱是_____。

2. 设计一张自己的名片，并向朋友介绍自己。
Design your name card, and introduce yourself to your partner.

地址：
邮编：
电话：
手机：
传真：
电子邮箱：

我是_____，我的座机号码是_____，手机号码是_____，传真号码是_____，电子邮箱是_____。

说一说

Māma Qí Mǎ
妈妈 骑 马

Māma qí mǎ, mǎ màn, māma mà mǎ.
妈妈骑马，马慢，妈妈骂马。

Niūniu qí niú, niú màn, niūniu nǐng niú.
妞妞骑牛，牛慢，妞妞拧牛。

第四课 Dì-sì Kè
去银行怎么走？Qù Yínháng Zěnme Zǒu?

目标

① 交际功能
问路和指路

② 语言点
疑问词"怎么"
先……然后……

准备

学一学

一、问路与指路 Asking and directing the way

问路 Ask the way

去…… 怎么 走?

去 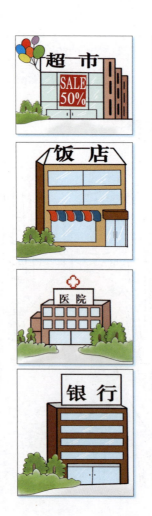 怎么走?

第四课　去银行怎么走？

指路　Direct the way

wǎng 往	方位词	V
往	东	zǒu 走
	前	
	南	guǎi 拐
	右	

二、先……然后……　xiān……ránhòu……

Subject	xiān 先	VP₁	ránhòu 然后	VP₂
Anna	先	去银行，	然后	去超市。
我		去饭店，		去银行。
他		打电话，		去医院。

练一练

一、替换练习　Substitution drill

　　A：去 <u>超市</u> 怎么走？　　B：往 <u>西</u> 走。

右　　拐

东　　走

左　　拐

二、用"先……然后……"看图说话
Talking about these pictures with "先……然后……"

1.
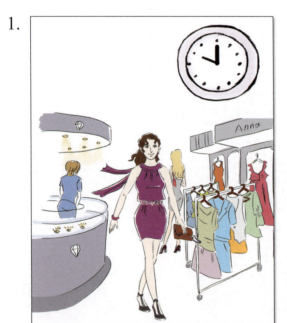

第四课　去 银行 怎么 走？

2.

3.

4.

学一学

一、词语准备 New words

1	问	wèn	动	ask, inquire
2	怎么	zěnme	代	how
3	走	zǒu	动	walk
4	路人	lùrén	名	passerby
5	往	wǎng	介	to, towards
6	第一	dìyī	数	first
7	路口	lùkǒu	名	crossing
8	拐	guǎi	动	turn
9	什么	shénme	代	what
10	再	zài	副	again
11	说	shuō	动	say, speak
12	次	cì	量	measure word
13	先	xiān	副	first
14	然后	ránhòu	连	then

二、对话 Dialogue

山本: Qǐng wèn, qù yínháng zěnme zǒu?
请问，去银行怎么走？

路人: Wǎng dōng zǒu, dì yī ge lùkǒu wǎng nán guǎi.
往东走，第一个路口往南拐。

第四课 去银行怎么走？

Dì-Sì Kè　Qù Yínháng Zěnme Zǒu?

　　　　　Shénme?　Qǐng zài shuō yí cì.
山本：什么？请再说一次。

　　　　　Xiān wǎng dōng zǒu,　ránhòu wǎng nán guǎi.
路人：先往东走，然后往南拐。

　　　　　Xièxie nín!
山本：谢谢您！

练一练

一、根据下图回答问题
　　Answer the following questions according the given map

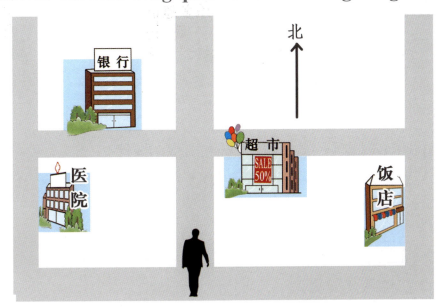

1. A：去银行怎么走？　　　　　B：先往北走，然后往西拐。

2. A：去超市怎么走？　　　　　B：＿＿＿＿＿＿＿＿＿＿

3. A：去医院怎么走？　　　　　B：＿＿＿＿＿＿＿＿＿＿

4. A：去饭店怎么走？　　　　　B：＿＿＿＿＿＿＿＿＿＿

二、告诉Martin该怎么走 Direct the way to Martin

例如：

A：请问，去中北医院怎么走？

B：往北走，第一个路口往东拐。

A：什么？请再说一次。

B：先往北走，然后往东拐。

A：谢谢您！

1. 去三元饭店
2. 去乐多超市
3. 去北京银行

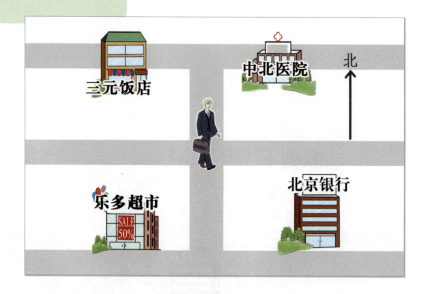

三、从中国银行到家乐福，你会选择哪条路线？
From China Bank to Carrefour, which route will you choose?

A：请问，去＿＿＿＿＿＿怎么走？

B：往＿＿＿＿＿走，＿＿＿＿＿。

A：什么？请再说一次。

第四课　去 银行 怎么 走？

B：先_____，然后_____。

A：谢谢！

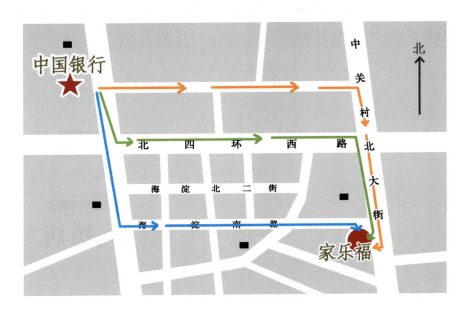

一、你是一家宾馆的服务员，请向旅客介绍去宾馆周边场所的路线。
As a hotel waiter, please introduce to the guests the route from the hotel to places nearby.

去超市：_____

去饭店：_____

去银行：_____

去医院：_____

二、你在光大银行，请给三元饭店打电话，询问该怎么走。
You are in Guangda Bank, please call to Sanyuan Restaurant to ask how to go there.

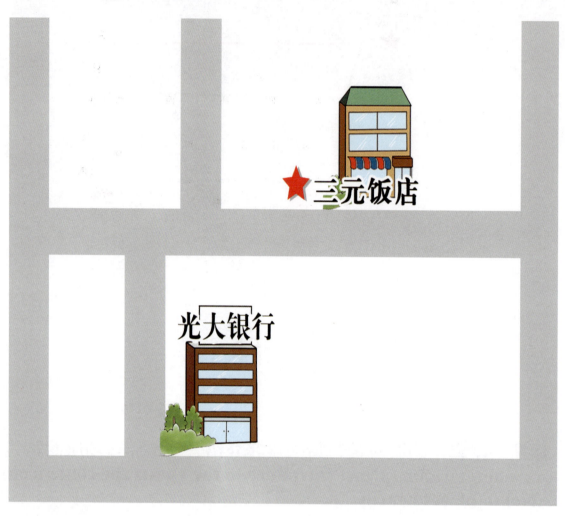

A：喂，您好！请问，去三元饭店_____？

B：您在哪儿？

A：我在_____。

B：您_____，第一个路口_____，饭店在马路北边。

A：什么？请再说一次。

B：您先_____，然后_____。

A：谢谢！

三、画出你家周围的银行、饭店、医院、超市，并告诉朋友你去这些地方怎么走。
Please draw the bank, the restaurant, the hospital and the supermarket around your house, and then tell your partner how to go there.

问路、指路常用表达 Useful expressions of asking and directing the way

1. 请问，去银行（饭店／超市／医院……）怎么走？

2. 往东（南／西……）走。

3. 第一个（第二个／……）路口往南（西／北……）拐。

4. 请再说一次。

5. 先往南（北／西……）走／拐，然后往东（西／南……）走／拐。

你想学习更多吗?

选择填空 Fill in the following blanks with proper words

比较复杂的方位词 Complicated position words

东北　西北　东南　西南

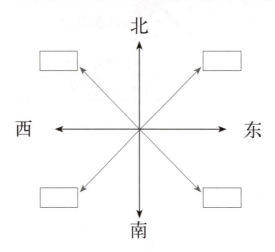

路口的类型 Type of crossing

丁字　十字

(　　　)路口　　　　(　　　)路口

第四课　去银行怎么走？
Dì-Sì Kè　Qù Yínháng Zěnme Zǒu?

小组活动 Group work

你怎么走？How to go there?

1. 从饭店到医院
   From the restaurant to the hospital

2. 从医院到超市
   From the hospital to the supermarket

A：请问，……怎么走？
B：往……，第一个……
　　路口……。
A：什么？请再说一次。
B：先……，然后……。
A：谢谢！

说一说

Tiānjīn hé Běijīng
天津 和 北京

Tiānjīn hé Běijīng,　jīn jīng liǎng ge yīn.
天津 和 北京，　津 京 两 个 音。

Rúguǒ fēn bu qīng,　qǐng nǐ rènzhēn tīng.
如果 分 不 清，　请 你 认真 听。

第五课
9月5号是星期几?
Dì-wǔ Kè — Jiǔyuè Wǔ Hào Shì Xīngqī Jǐ?

目标

① 交际功能
- 询问时间
- 邀请

② 语言点
- 日期表示法
- 钟点表示法
- 疑问词"几"

学一学

一、日期 Date

日期的单位 The unit of the date

nián	yuè	rì	hào	xīngqī
年	月	日(formal)	号(oral)	星期
year	month	day		week

星期的读法 Week in Chinese

xīngqīyī	xīngqī'èr	xīngqīsān	xīngqīsì	xīngqīwǔ	xīngqīliù	xīngqīrì	xīngqītiān
星期一	星期二	星期三	星期四	星期五	星期六	星期日(formal)	星期天(oral)
Monday	Tuesday	Wednesday	Thursday	Friday	Saturday	Sunday	

日期的读法 Date in Chinese

Date	Formal	Oral
2011/01	2011年1月	2011年1月
01/23	1月23日	1月23号
2011/01/23	2011年1月23日	2011年1月23号
2011/01/23（日）	2011年1月23日星期日	2011年1月23号星期天

第五课　9月5号是星期几？

二、钟点 Hour

钟点的单位 The unit of the hour

diǎn 点	o'clock
fēn 分	minute

钟点的读法 Express the hour

书面语：_____点 + _____分

6:00	六			
8:03	八		零三	
12:15	十二	点	十五	分
16:30	十六		三十	
20:42	二十		四十二	

口语：（早上 / 上午 / 中午 / 下午 / 晚上）+ ____点 + ____（分）
　　　zǎoshàng　shàngwǔ　zhōngwǔ　xiàwǔ　wǎnshang

6:00	早上 early morning	六			
8:03	上午 morning	八		零三	分
12:15	中午 noon	十二	点	十五	分
16:30	下午 afternoon	四		半	
20:42	晚上 evening	八		四十二	分

三、询问时间 Asking about the time

询问日期 Ask about the date

……　+ 是 + 几月几日／号？
　　　　　　jǐ　jǐ

星期一　是　几月　几日？

现在　是　几月？
xiànzài
Now

今天　是　几号？
jīntiān
Today

询问星期 Ask about the week

······ + 是 + 星期 + 几(jǐ)？

16号 是 星期 几？

3月28日是 星期 几？

今天(jīntiān) 是 星期 几？
Today

询问钟点 Ask about the hour

······ + 几(jǐ) + 点？

现在(xiànzài) 几 点？
Now

星期三 几 点？

12号晚上 几 点？

练一练

一、说出下面日期的书面语和口语形式
Read the following date in formal and oral forms

1. 2000/03　　2. 07/15　　3. 2007/10/11　　4. 2010/12/26（日）

二、读出下面的时间
Read the following hour

	Formal	Oral
6:45	六点四十五分	
9:50		上午九点五十（分）
14:00	十四点	

58

| 16:30 | 十六点三十分 | |
| 23:15 | | 晚上十一点十五（分） |

三、完成对话 Complete the following dialogues

问	答
	今天是十二月二十五日。
现在几点？	
星期三是几号？	
	今天是星期六。

会 话

学一学

一、词语准备 New words

1	想	xiǎng	动	want
3	吃	chī	动	eat
4	饭	fàn	名	meal
5	几	jǐ	数	how many
6	怎么样	zěnmeyàng	代	how about
7	行	xíng	动	all right
8	见	jiàn	动	meet

59

二、对话 Dialogue

山本：喂，David，你好。我是山本。

David：你好，山本。

山本：我想9月5号晚上请你吃饭。

David：9月5号是星期几？

山本：星期三，晚上7点在三元饭店，怎么样？

David：行，星期三见。

练一练

一、介绍你的日程安排 Introduce your schedule

例如：我9月23号星期天下午三点半去超市。

第五课 9月5号是星期几？

9月23日（日）	15：30 去超市
9月24日（一）	10：00 去银行
	14：00 给Jennifer打电话
9月26日（三）	19：25 去上海(Shānghǎi Shanghai)
9月29日（六）	9：00 学习汉语(Hànyǔ Chinese)

二、模仿例子进行对话 Make dialogues by imitating the example

3月 **28** 日 星期六

8月 **5** 日 星期一

12月 **24** 日 星期三

	A	B	时间	吃饭地点
1	Anna	Jennifer	3月28日中午12点	三元饭店
2	David	山本	3月28日晚上7点	大中饭店
3	王乐	Martin	8月5日中午12点	西北饭店
4	Martin	David	12月24日晚上6点	乐天饭店

Anna：喂，Jennifer，你好。我是Anna。

Jennifer：你好，Anna。

Anna：我想3月28号中午请你吃饭。

Jennifer：3月28号是星期几？

Anna：星期六，中午12点在三元饭店，怎么样？

Jennifer：行，星期六见。

三、你想在生日那天晚上7点请朋友吃饭，你怎么说？
Invite your partner to dinner at 7 pm on your birthday

A：喂，_____，你好。我是_____。
B：你好，_____。
A：我想_____月_____号晚上请你吃饭。
B：_____月_____号是星期几？
A：星期_____，晚上7点在_____，怎么样？
B：行，星期_____见。

实 践

一、根据日程对话
Complete the following dialogue according to the schedule

A：喂，王老师，您好。我是……。
B：你好，……。
A：我想……月……号……请您吃饭。
B：……月……号是星期几？
A：星期……，……在……，怎么样？
B：行，……见。

12月31日（六）
在中国饭店请王
老师吃饭，中午
12点。

二、根据日历，请分别给Anna、王乐打电话，邀请他们吃饭
Call Anna and Wang Le separately to invite them to dinner according to your schedule

A：喂，……，你好。我是……。
B：你好，……。
A：我想……月……号……请你
　　和(and)……吃饭。
　　hé
B：……月……号是星期几？
A：星期……，……在……，
　　怎么样？
B：行，星期……见。

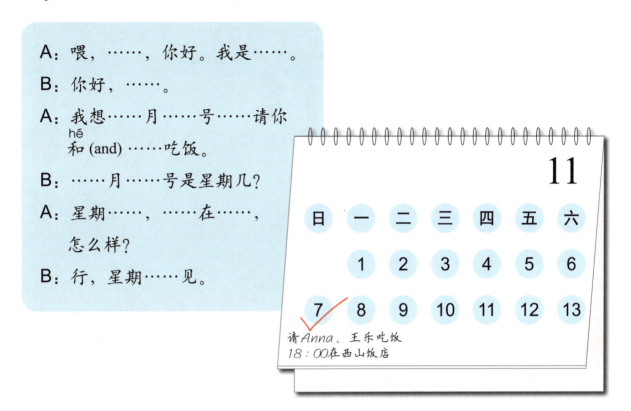

三、制定你一天的时间安排，并介绍给朋友
Arrange your agenda, and introduce it to your partner

月　　日　　星期	
8：00	15：00
9：00	16：00
10：00	17：00
11：00	18：00
12：00	19：00
13：00	20：00
14：00	21：00

总 结

询问时间常用表达 Useful expression of asking about the time

1. 今天是几月几日／号？
2. 今天是9月1日／号。
3. 9月1日是星期几？
4. 9月1日是星期三。
5. 现在几点？
6. 现在十一点二十分。

邀请时的常用表达 Useful expression of the invitation

1. 我想9月5号晚上（中午……）请你吃饭（看电影……）。
2. 晚上7点（中午12点……）在和平饭店（北京饭店……），怎么样？

你想学习更多吗？

将下面的图片及其名称用线连起来
Connect the following pictures with the suitable name

时间 Time

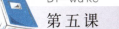 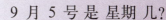

第五课　9月5号是星期几？

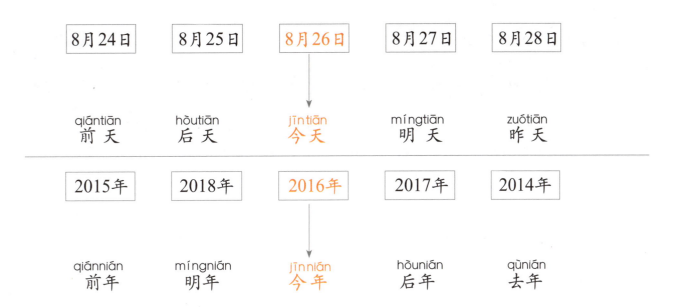

8月24日	8月25日	8月26日	8月27日	8月28日
qiántiān 前天	hòutiān 后天	jīntiān 今天	míngtiān 明天	zuótiān 昨天
2015年	2018年	2016年	2017年	2014年
qiánnián 前年	míngnián 明年	jīnnián 今年	hòunián 后年	qùnián 去年

行为动作 Behavior

qù bówùguǎn
去博物馆

lǚyóu
旅游

dǎ bǎolíngqiú
打保龄球

kàn diànyǐng
看电影

65

小组活动 Group work

你怎么说？ How to say?

1. 给Jennifer打电话，约她后天晚上8点在大中电影院看电影。
   Call Jennifer to invite her see a film in Dazhong Cinema at 8 pm the day after tomorrow.

2. 给Martin打电话，约他星期六上午9点去北京博物馆。
   Call Martin to invite him to visit Beijing Museum at 9 am on Saturday.

A：喂，……，你好。我是……。
B：你好，……。
A：我想……月……号……。
B：……月……号是星期几？
A：星期……，……在……，怎么样？
B：行，星期……见。

Shuǐ Lián Tiān
水 连 天

Tiān lián shuǐ, shuǐ lián tiān, shuǐ tiān yí sè wàng wú biān,
天 连 水， 水 连 天， 水 天 一 色 望 无 边，

lán lán de tiān sì lǜ shuǐ, lǜ lǜ de shuǐ rú lán tiān.
蓝 蓝 的 天 似 绿 水， 绿 绿 的 水 如 蓝 天。

第六课 Dì-liù Kè

您要点儿什么? Nín Yào Diǎnr Shénme?

① 交际功能
  点菜

② 语言点
  疑问词"什么"
  有点儿+形容词
  用"吗"提问

目标

准备

学一学

一、点菜 Ordering dishes

问		答	
nín yào　　diǎnr 您要（一）点儿什么？	我要		yúròu 鱼肉 fish
			jīròu 鸡肉 chicken
			niúròu 牛肉 beef
			zhūròu 猪肉 pork
			dòufu 豆腐 bean curd

Dì-liù Kè　Nín Yào Diǎnr Shénme?

第六课　您要点儿什么？

二、有点儿+形容词　yǒu diǎnr + adj.

有点儿 酸
suān
sour

有点儿 咸
xián
salty

有点儿 甜
tián
sweet

有点儿 辣
là
spicy

练一练

一、回答问题　Answer the following question

您要点儿什么？

二、选词填空 Fill in the following blanks with proper words

酸　甜　苦　辣

　有点儿_____

　有点儿_____

　有点儿_____

　有点儿_____

学一学

一、词语准备 New words

1	服务员	fúwùyuán	名	waiter, waitress
2	要	yào	动	want
3	（一）点儿	(yì) diǎnr	量	a bit, a little
4	知道	zhīdào	动	know
5	名字	míngzi	名	name
6	有点儿	yǒudiǎnr	副	somewhat
7	吗	ma	助	used at the end of questions

第六课　您要点儿什么？

8	对	duì	形	right
9	还	hái	副	still
10	碗	wǎn	量	bowl
11	米饭	mǐfàn	名	rice
12	稍	shāo	副	a bit, a little
13	等	děng	动	wait

二、对话 Dialogue

服务员：您要点儿什么？

山　本：我要猪肉，我不知道名字，有点儿辣，有点儿甜。

服务员：有点儿辣，有点儿甜，是鱼香肉丝吗？

山　本：对，是鱼香肉丝，我还要一碗米饭。

服务员：好的，请稍等。

练一练

一、说说这些菜的味道 Talk about the taste of the following dishes

例如：鱼香肉丝有点儿辣，有点儿甜。

辣、甜

yúxiāng ròusī
鱼香 肉丝
Yu-Shiang Shredded Pork

辣、咸

gōngbǎo jīdīng
宫保 鸡丁
Kung Pao Chicken

辣

mápó dòufu
麻婆豆腐
Mapo Tofu

酸、甜

tángcùyú
糖醋鱼
Sweet and Sour fish

辣

shuǐzhǔ niúròu
水煮牛肉
Poached Sliced Beef in Hot Chili Oil

甜、咸

gǔlǎoròu
古老肉
Gulaorou

辣

làzi jīdīng
辣子鸡丁
Sauteed Diced Chicken with Chili and Pepper

第六课　您要点儿什么？

二、参考练习一的信息，点菜
Order dishes according to the above information

例如：

点菜单
鱼香肉丝
一碗米饭
一瓶可乐

A：您要点儿什么？
B：我要猪肉，有点儿辣，有点儿甜。
A：有点儿辣，有点儿甜，是鱼香肉丝吗？
B：对，是鱼香肉丝，我还要一碗米饭，一瓶可乐。
A：好的，请稍等。

点菜单
宫保鸡丁
一碗米饭
一瓶可乐

点菜单
糖醋鱼
一碗米饭

点菜单
麻婆豆腐
一碗米饭

三、说说下列食物的味道 Talk about the taste of the following food

实 践

一、根据结账单，模拟点菜情景
Simulate the scene of ordering dishes according to the bill

A：您要点儿什么？
B：我要……，我不知道名字，有点儿甜，有点儿咸。
A：有点儿……，有点儿……，是……吗？
B：对，是……，我还要豆腐，有点儿辣。
A：有点儿……，是麻婆豆腐吗？
B：对，是……，我还要……，……。
A：好的，请稍等。

大三元饭店

时间：2016.07.29

菜名	数量
古老肉	1
麻婆豆腐	1
米饭	2
可乐	1

二、朋友喜欢吃甜的，请他吃饭你会点什么？
Your friends love to eat sweets, what will you order?

辣 — 水煮牛肉
辣、咸 — 宫保鸡丁
辣、甜 — 鱼香肉丝

辣 — 麻婆豆腐
甜、酸 — 糖醋鱼
甜、咸 — 古老肉

A：您……？
B：我要……，我不知道名字，有点儿……。
A：有点儿……，是……吗？
B：对，是……，我还要……。
A：好的，……。

三、你喜欢吃什么？你去中国饭店点什么菜？
What do you like to eat? What do you order in Chinese restaurant?

喜欢吃什么	点什么中国菜

点菜常用表达 Useful expressions of ordering dishes

1. 您要点儿什么？

2. 我要猪肉（鸡肉／豆腐／牛肉／鱼肉……）。

3. 我不知道名字，有点儿辣，有点儿甜。

4. 是鱼香肉丝（宫保鸡丁／麻婆豆腐／水煮牛肉／糖醋鱼……）吗？

5. 是鱼香肉丝（宫保鸡丁／麻婆豆腐／水煮牛肉／糖醋鱼……）。

6. 我还要一碗米饭（一瓶啤酒……）。

你想学习更多吗?

将下面的图片及其名称用线连起来
Connect the following pictures with the suitable name

菜名 Dishes

Běijīng kǎoyā
北京烤鸭

tiěbǎn niúròu
铁板牛肉

xīhóngshì chǎo jīdàn
西红柿 炒 鸡蛋

xiānggū yóucài
香菇 油菜

主食 Staple food

chǎomǐfàn
炒米饭

bāozi
包子

jiǎozi
饺子

mántou
馒头

第六课　您要点儿什么？

酒水 Drinks

báijiǔ
白酒

guǒzhī
果汁

hóngjiǔ
红酒

píjiǔ
啤酒

小组活动 Group work

1. 你或朋友吃过这些菜吗？它们的味道怎么样？
   Did your partner or you eat the following dishes? How were they tasted like?

   铁板牛肉：_____

   北京烤鸭：_____

   香菇油菜：_____

   西红柿炒鸡蛋：_____

2. 你请两位朋友吃饭，你打算点什么菜？
   You will invite two friends to dinner, what will you order?

菜　单

北京烤鸭
糖醋鱼
香菇油菜
宫保鸡丁
米饭
啤酒

铁板牛肉
辣子鸡丁
麻婆豆腐
西红柿炒鸡蛋
包子　饺子
红酒　果汁

说一说

吃 葡萄

吃葡萄不吐葡萄皮儿，不吃葡萄倒吐葡萄皮儿。

第七课
Dì-qī Kè
明天天气怎么样？
Míngtiān Tiānqì Zěnmeyàng?

目标

① 交际功能
- 谈论天气
- 征求意见

② 语言点
- 疑问代词"怎么样"
- "比"字句

准备

学一学

一、谈论天气 Talking about the weather

天气情况 Weather

qíngtiān 晴天 sunny day	yīntiān 阴天 overcast	yǔ 雨 rain	xuě 雪 snow	fēng 风 wind

询问天气 Ask about the weather

星期六	
10号	Tiānqì zěnmeyàng? 天气怎么样？
míngtiān 明天	

介绍天气 Introduce the weather

星期六	是晴天／阴天。
10号	xià 下雨／雪。
明天	guā 刮风。 blow

80

第七课　明天天气怎么样？

Dì-qī Kè　Míngtiān Tiānqì Zěnmeyàng?

二、气温　Air temperature

气温的读法　Express the air temperature

$$数字 + （摄氏shèshì）度dù$$

25℃	二十五	（摄氏）度 centigrade
0℃	零	
-10℃	零下十	

询问气温　Ask about the air temperature

问		答
星期六	多少度？	星期六25（摄氏）度。
10号		10号零（摄氏）度。
明天		明天零下10（摄氏）度。

三、比较　Comparison

$$A + 比 + B + 形容词$$

A	比 bǐ	B	形容词
昨天	比	今天	冷 lěng cold
今天		明天	暖和 nuǎnhuo warm
牛奶		可乐	贵 guì expensive
可乐		牛奶	便宜 piányi cheap

练一练

一、根据图示，回答问题
Answer the following questions according to the pictures

| | 10号 | 11号 | 12号 | 13号 |

1.	10号天气怎么样？	10号_____。
2.	11号天气怎么样？	11号_____。
3.	_____？	12号是晴天。
4.	_____怎么样？	13号_____。

二、完成对话 Complete the dialogues

时间	1月16号	4月8号	7月30号	12月9号
气温	-8℃	18℃	32℃	5℃

1.	_____？	1月16号零下8度。
2.	4月8号多少度？	4月8号_____。
3.	_____？	7月12号32度。
4.	_____？	12月9号_____。

三、选择合适的词语完成句子
Complete the sentences with the proper words

_____ 比 _____ _____。

贵　甜　酸　暖和

新丝路——初级商务汉语综合教程 I

学一学

一、词语准备 New words

1	今天	jīntiān	名	today
2	明天	míngtiān	名	tomorrow
3	天气预报	tiānqì yùbào		weather forecast
4	比	bǐ	介	than
5	暖和	nuǎnhuo	形	warm
6	不错	búcuò	形	not bad
7	爬山	pá shān		climb up a mountain
8	吧	ba	助	particle

二、对话 Dialogue

David：今天下雨，天气不好。明天天气怎么样？
Jīntiān xià yǔ, tiānqì bù hǎo. Míngtiān tiānqì zěnmeyàng?

Anna：天气预报说，明天是晴天。
Tiānqì yùbào shuō, míngtiān shì qíngtiān.

David：多少度？
Duōshǎo dù?

Anna：20度，比今天暖和。
Èrshí dù, bǐ jīntiān nuǎnhuo.

David：明天天气不错，我们去爬山吧。
Míngtiān tiānqì búcuò, wǒmen qù pá shān ba.

第七课　明天 天气 怎么样？

Dì-qī Kè　Míngtiān Tiānqì Zěnmeyàng?

练一练

一、模仿例子对话 Make dialogues by imitating the example

例如：

A：5号天气怎么样？
B：5号晴天。
A：多少度？
B：12度。

	天气	气温
5号	☀	12℃
16号	🌧	10℃

85

23号		4℃
31号		-9℃

二、调查最近几天的天气情况，并完成对话
Investigate the weather in recent days, and complete the dialogues

	天气	气温
今天		
明天		
hòutiān 后　天 the day after tomorrow		

A：明天天气怎么样？　　　B：明天_____。

A：多少度？　　　　　　　B：_____度，_____比今天_____。

A：后天天气怎么样？　　　B：后天_____。

A：多少度？　　　　　　　B：_____度，_____比明天_____。

三、不同的天气，你会做什么？
What should you do in different weather?

	天气		做什么
1		33℃	
2		12℃	
3		-1℃	
4		24℃	

第七课　明天 天气 怎么样？

实　践

一、根据下图进行对话
Complete the dialogue according to the following picture

A：今天刮风，天气……，明天……？
B：天气预报说，……。
A：……？
B：……，比今天……。
A：明天……，我们去……吧。

二、根据王乐的日记，模拟他和Martin对话的情景
Simulate the scene that Wang Le talked with Martin according to his diary

2011年3月18日　雨

今天下雨了，天气不好。明天天气不错，16℃，比今天暖和，Martin说："明天去长城吧。"

Martin：今天……，天气不好。明天……？
王　乐：天气预报说，……。
Martin：……？
王　乐：……，比今天……。
Martin：明天……，我们……。

三、向朋友询问星期六的天气，这样的天气你想约他（她）做什么？
Ask your partner the weather on Saturday, and invite he/her to do something.

> A：星期六的天气怎么样？
> B：……。
> A：多少度？
> B：……。
> A：……。

谈论天气常用表达 Useful expressions of talking about the weather

1. 今天（明天／23号……）天气怎么样？
2. 今天（明天／23号……）下雨（是晴天／是阴天／下雪……）。
3. 今天（明天／23号……）多少度？
4. 今天（明天／23号……）26（摄氏）度。
5. 今天（明天／23号……）天气不好（不错／……）。

征求意见常用表达 Useful expressions of asking the advice

我们去爬山（去超市……）吧。

比较时的常用表达 Useful expressions of the comparison

今天（面包……）比昨天（可乐……）暖和（贵……）。

Dì-qī Kè Míngtiān Tiānqì Zěnmeyàng?
第七课 明天 天气 怎么样？

你想学习更多吗？

将下面的图片及其名称用线连起来
Connect the following pictures with the suitable name

天气状况 Weather

dàxuě
大雪

xiǎoyǔ
小雨

duōyún
多云

xiǎoxuě
小雪

dàyǔ
大雨

户外活动 Outdoor activity

yóu yǒng
游 泳

huá xuě
滑 雪

yěcān
野餐

dǎ gāo'ěrfūqiú
打高尔夫球

89

小组活动 Group work

模仿例子，向朋友介绍你喜欢的户外活动。
Introduce the outdoor activities you like to your partner by imitating an example.

我 xǐhuan(like)爬山。爬山最 zuìhǎo(best)的天气是晴天，最合适 héshì(suitable)的温度是20度。我 常常 chángcháng(often)和 朋友 péngyou(friend)去爬山。

Sānyuè Sān
三月三

Sānyuè sān, xiǎo sān qù pá shān.
三月三，小三去爬山。

Shàng shān yòu xià shān, xià shān yòu shàng shān.
上山又下山，下山又上山。

Pále sān cì shān, pǎole sān lǐ sān.
爬了三次山，跑了三里三。

第八课 Dì-bā Kè

有单人间吗? Yǒu Dānrénjiān Ma?

目标

① 交际功能
入住宾馆

② 语言点
"有"字句
用肯定与否定形式相叠提问
询问数字
房间号码的表示法

学一学

一、询问有没有 Asking about whether there is ... or not

提问 Question

有   miànbāo 面包 / kělè 可乐 / dānrénjiān 单人间 single room / biāozhǔnjiān 标准间 standard room   吗？

第八课 有单人间吗？

Dì-bā Kè Yǒu Dānrénjiān Ma?

有没有     ?

miànbāo 面包
kělè 可乐
dānrénjiān 单人间
biāozhǔnjiān 标准间

回答 Answer

有／没有   。

miànbāo 面包
kělè 可乐

有／没有 _____。

dānrénjiān
单人间

biāozhǔnjiān
标准间

二、询问数字 Asking about the number

你要几个面包？	2个。
你要几瓶啤酒？	1瓶。
一个月有几个星期？	4个。
您住几天？ zhù　tiān stay　day	5天。

练一练

一、完成对话 Complete the following dialogues

问	答
有单人间吗？	
有没有_____？	没有出租车。 　　　taxi
	有空调。
_____标准间？	_____标准间。

第八课　有单人间吗？

二、提问画线部分 Make questions on the underlined part

1. 我家(jiā)有 <u>5</u> 个人。
   home

2. 我要 <u>1</u> 间标准间。

3. 他点了 <u>4</u> 个菜。

4. 我们班(bān)有 <u>9</u> 个日本学生(xuésheng)。
   class　　　　　student

学一学

一、词语准备 New words

1	有	yǒu	动	have
2	前台	qiántái	名	information desk
3	间	jiān	量	measure word
4	没有	méiyǒu	动	not have
5	空调	kōngtiáo	名	air conditioner
6	住	zhù	动	stay
7	天	tiān	名、量	day
8	房间	fángjiān	名	room
9	号	hào	量	number
10	层	céng	名、量	floor

二、对话　Dialogue

David：请问，有单人间吗？
Qǐngwèn, yǒu dānrénjiān ma?

前台服务员：有。您要几间？
Yǒu. Nín yào jǐ jiān?

David：一间。有没有空调？
Yì jiān. Yǒu méiyǒu kōngtiáo?

前台服务员：有空调。您要住几天？
Yǒu kōngtiáo. Nín yào zhù jǐ tiān?

David：三天。一天多少钱？
Sān tiān. Yì tiān duōshǎo qián?

前台服务员：一天240块。您的房间是506号，
Yì tiān èrbǎi sìshí kuài. Nín de fángjiān shì wǔ líng liù hào,

在5层。
zài wǔ céng.

David：谢谢。
Xièxie.

第八课 有单人间吗？

练一练

一、描述下面各个房间 Describe the following rooms

例如：

Zhè shì yí ge dānrénjiān, yǒu diànnǎo, yǒu diànshì.
这是一个单人间，有电脑，有电视。
　　　　　　　　　　　　computer　　television

二、根据入住要求，进行对话
Make dialogue according to the requirements

序号	旅客姓名	房间类型	房间数量	其他要求
1	David	单人间	1	空调
2	Anna	标准间	1	空调
3	山本	单人间	2	diànshì 电视 TV
4	王乐	标准间	2	空调

例如：

David：请问，有单人间吗？
服务员：有。您要几间？
David：一间。有没有空调？
David：有。

三、根据图示，模拟入住时的情景
Simulate the scene of check-in according to the pictures

1. 　5月18日　　　　　　5月18日　　　　　　5月19日

第八课 有单人间吗？

2.

3.

A：请问，有……吗？

B：有。您要几间？

A：一间。有没有……？

B：有。您要住……天？

A：……天。……？

B：一天……块。您的房间是……号，在……。

A：谢谢。

一、旅行时你会选择什么样的房间？向前台服务员说明你的入住时间和要求。
What kind of room will you choose in your trip?Please tell your check-in time and requirement to the waiter.

Room Type	Price(yuan/day)	Facility
单人间	180	电视、空调
标准间	210	电视、空调
标准间	450	电视、空调、电脑

A：请问，有……吗？

B：有。……？

A：……。有没有……？

B：……。您要住几天？

A：……。……？

B：……。

A：……。

二、David 给王乐发了一个电子邮件，王乐怎么帮他？
David sent an E-mail to Wang Le, how did Wang Le help him?

第八课 有单人间吗？

三、你公司要去上海参加一个展览会，下面是展览会附近的几个宾馆，请选择你要入住的宾馆，并给他们打电话，说明：

Your company will participate in an exhibition in Shanghai. Here are some information about the hotel near the exhibition hall. Please choose one you prefer and call them to reserve rooms, including：

1. 房间类型和数量
   The type and number of rooms

2. 入住时间和要求
   Check-in time and your requirements

Hotel	Price(Standard Room)	Tel.	Distance from the exhibition
东江大酒店（五星）	RMB851	021-50504888	3公里
安南大酒店（四星）	RMB580	021-58300000	5公里
世纪酒店（三星）	RMB370	400-710-1818	1公里
文华酒店	RMB280	021-50280022	2.8公里

总结

入住宾馆常用表达 Useful expressions of check-in

1. 请问，有单人间（标准间……）吗？

2. 您要几间？

3. 我要1（2……）间。

4. 有没有空调（电视……）？

5. 您要住几天？

6. 3（4……）天。

7. 一天多少钱？

8. 一天240（360……）块。

9. 您的房间是506（409……）号。

你想学习更多吗？

将下面的图片及其名称用线连起来
Connect the following pictures with the suitable name

房间类型 Room types

hǎohuá biāozhǔnjiān
豪华标准间

sānrénjiān
三人间

hǎohuá dānrénjiān
豪华单人间

tàojiān
套间

第八课　有单人间吗？
Dì-bā Kè　Yǒu Dānrénjiān Ma?

客房设施 Facilities

bǎoxiǎnguì
保险柜

guójì zhíbō diànhuà
国际直拨电话

wǎngluò jiēkǒu
网络接口

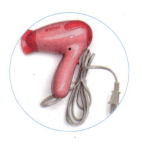
chuīfēngjī
吹风机

bīngxiāng
冰箱

小组活动　Group work

1. 你带父母到香港旅游，请向宾馆服务员说明：
   Your parents and you will travel in Hong Kong, please note the hotel waiter:

   1) 房间类型
      Room type

   2) 住宿时间
      The time of check-in and check-out

   3) 入住要求
      Your requirements

2. 公司的李经理下星期一去广州出差，要住在广州东方宾馆。请上网（www.hotel-dongfang.com）帮他预订一个套间。
   Manager Li will have a business trip to Guangzhou next Monday. Please reserve a suite for him in Dongfang Hotel on the internet.

说一说

商务常用句：见面

1. Hěn gāoxìng néng rènshi nín.
   很 高兴 能 认识 您。

2. Jiàndào nín fēicháng róngxìng.
   见到 您 非常 荣幸。

3. Xìnghuì!
   幸会！

4. Jiǔyǎng!
   久仰！

5. Hǎojiǔ bú jiàn!
   好久 不 见！

第九课
Dì-jiǔ Kè

您存活期还是存定期?
Nín Cún Huóqī Háishì Cún Dìngqī?

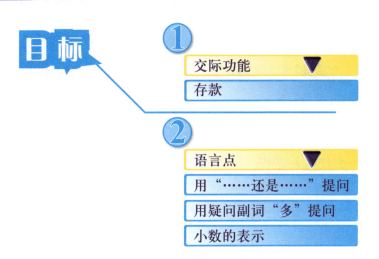

目标

① 交际功能
  存款

② 语言点
  用"……还是……"提问
  用疑问副词"多"提问
  小数的表示

学一学

一、……还是……？ …… háishì ……？

你	要牛奶	háishì 还是	要可乐	?
他	去超市		去银行	
Martin	住三天		住四天	
您	cún huóqī 存活期 current deposit		cún dìngqī 存定期 fixed deposit	

二、……多长时间？ …… duōcháng shíjiān?

问		答
您要住	多长时间？	我要住三天。
你们要去		我们要去一个星期。
您要 cún 存 deposit		我要存五年。
在中国你要 xué xí 学习 learn		我要学习一个月。

三、小数 Decimal Fraction

0.1	零	diǎn 点 point	一	
1.48	一		四	八
12.63	十二		六	三

Dì-jiǔ Kè　Nín Cún Huóqī Háishi Cún Dìngqī?
第九课　您存活期还是存定期？

练一练

一、完成句子 Complete the following sentences

_____ 还是 _____ ?

明天	☀	☁
你	可乐	牛奶
你们	饭店	超市
明天	爬山	游泳

二、完成对话 Complete the following dialogues

问	答
你学习汉语多长时间了？	
你每天上网(shàng wǎng)多长时间？ have the internet	
	我要在这儿住1个月。
	我每天睡(shuì)8个小时。 sleep

107

三、读出下面的数字 Read the following numbers

| 0.56 | 1.9 | 2.9 | 3.1415 | 10.73 | 13.8 |

学一学

一、词语准备 New words

1	存	cún	动	deposit
2	活期	huóqī	名	current (deposit)
3	还是	háishì	连	or
4	定期	dìngqī	名	fixed (deposit)
5	多	duō	副	how
6	长	cháng	形	long
7	时间	shíjiān	名	time
8	利率	lìlǜ	名	interest rate
9	办理	bànlǐ	动	handle
10	其他	qítā	代	other
11	业务	yèwù	名	professional work, business
12	办	bàn	动	handle

第九课 您存活期还是存定期?

二、对话 Dialogue

山 本: 您好,我要存5000块钱。

服务员: 您存活期还是存定期?

山 本: 存定期。

服务员: 您存多长时间?

山 本: 一年。一年的利率是多少?

服务员: 1.5。您还办理其他业务吗?

山 本: 不办了,谢谢!

学一学

一、仿照例子完成任务
Complete the following tasks by imitating an example

任务		
1	定期	三年
2	定期	一年
3	活期	
4	定期	五年

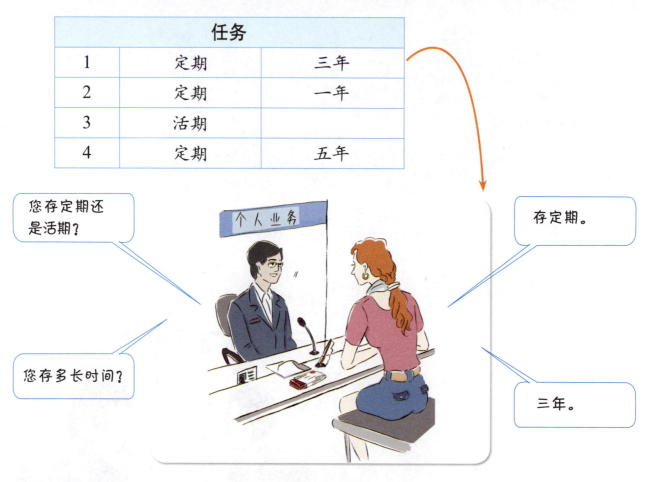

您存定期还是活期？

您存多长时间？

存定期。

三年。

二、说明利率 Illuminate the interest rate

A：活期利率是多少？
B：0.35

	利率 lìlǜ Interest rate	
活期		0.4
定期	三个月	1.1
	一年	1.5
	三年	2.1

第九课　您存活期还是存定期？

三、参照练习二的利率，模拟存款情景
Simulate the scene to deposit according to the above interest rate

1.

存款单

存款人姓名：__Martin__
存款方式（✓）：☑活期 / ☐定期
存款时间：_1个月_　　　存款金额：

万	千	百	元	角	分
	8	0	0	0	

2.

存款单

存款人姓名：__David__
存款方式（✓）：☐活期 / ☑定期
存款时间：_36个月_　　　存款金额：

万	千	百	元	角	分
3	0	0	0	0	0

3.

存款单

存款人姓名：__Jennifer__
存款方式（✓）：☐活期 / ☑定期
存款时间：_12个月_　　　存款金额：

万	千	百	元	角	分
1	5	0	0	0	

A：您好，我要存……。

B：您存……还是存……?

A：……。

B：您……多长……?

A：……。……的利率……?

B：……。您还办理……?

A：不办了，……!

一、查询最新的存款利率，完成下表
Inquire about the latest interest rate, and complete the following table

项目		利率
活期		
定期	三个月	
	半年	
	一年	
	二年	
	三年	
	五年	

第九课　您存活期还是存定期？

二、根据存款凭条，模拟王乐和银行职员的对话
Simulate the dialogue between Wang Le and the bank clerk according to the deposit slip

中国银行

存款凭条（Deposit Slip）

2016年08月03日

户名	王 乐
账户/卡号	4367420011150425123
币别	人民币
存期	二 年

存款金额：20,000.00元

三、角色扮演　Role-play

角色：A：Anna　B：银行职员
任务：Anna存活期1000元，存定期5000元（五年）
Role：A：Anna　B：bank clerk
Task：Anna pays 1000 yuan into her current account, and 5000 yuan in her fixed account for 5 years.

A：您好，我要存……。
B：……还是……？
A：……。
B：……多长……？
A：……。……的利率……？
B：……。您还……？
A：……！

总 结

存钱常用表达 Useful expressions of deposit

1. 我要存5000（……）块钱。
2. 您存活期还是定期？
3. 我存定期（活期……）。
4. 您存多长时间？
5. 我存三年（三个月／一年……）。
6. 三年（三个月／一年……）的利率是多少？
7. 三年（三个月／一年……）的利率是3.9（2.6……）。
8. 您还办理其他业务吗？

你想学习更多吗？

将下面的图片及其名称用线连起来
Connect the following pictures with the suitable name

货币 Currency

yīngbàng hánbì
英镑　　韩币

ōuyuán rìyuán
欧元　　日元

gǎngbì měiyuán
港币　　美元

第九课　您存活期还是存定期？
Dì-jiǔ Kè　Nín Cún Huóqī Háishì Cún Dìngqī?

银行常用术语　Common words in bank

cúnzhé
存折

xìnyòngkǎ
信用卡

zhīpiào
支票

huìlǜ
汇率

小组活动　Group work

1. 查询汇率　Inquire about the exchange rate

货币（100元）	人民币（元）
美元（USD）	
欧元（EUR）	
英镑（GBP）	
日元（JPY）	
韩币（KYW）	
港币（HKD）	

2. 在银行你办理过什么业务？向朋友介绍一下。下面的词语将帮助你表达。
   What business did you deal in the bank? Introduce it to your partner. You can prefere to the following words and phrases.

   存款　　活期　　定期　　利率
   办理　　存折　　信用卡　支票

   huòbì duìhuàn　　bǎ…… duìhuàn chéng Rénmínbì　　huìlǜ
   货币 兑换　　　　把……兑换 成 人民币　　　　　汇率
   currency exchange　　　　　　　　　RMB

说一说

商务常用句：道别

Zàijiàn.
1. 再见。

Shīpéi.
2. 失陪。

Gàocí.
3. 告辞。

Qǐng liú bù, búyòng sòng le.
4. 请留步，不用送了。

Qǐng dài wǒ wènhòu……
5. 请代我问候……

第十课
Dì-shí Kè

便宜一点儿吧！
Piányi Yì Diǎnr Ba!

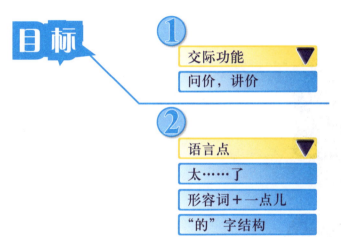

目标

① 交际功能
问价，讲价

② 语言点
太……了
形容词+一点儿
"的"字结构

学一学

一、太……了 tài ……le

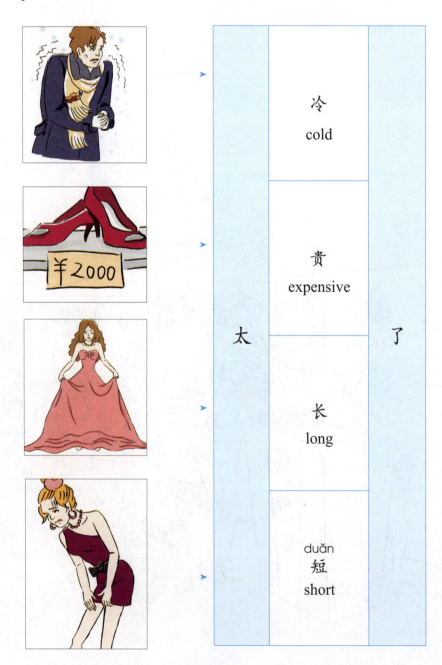

太……了

- 冷 cold
- 贵 expensive
- 长 long
- 短 duǎn short

第十课　便宜一点儿吧！

二、形容词 +（一）点儿　Adj.+ (yì) diǎnr

昨天太冷了，今天暖和（一）点儿。
　　　　　　　　　warm

这双鞋太贵了，请便宜（一）点儿。
　　　　　　　　cheap

　　　　màn
你说慢（一）点儿。
　　slow

　　　　　kuài
我们走快（一）点儿吧。
　　　　fast

三、"的"字结构　"的" structure

这盒牛奶是Anna的。	Anna的=Anna的牛奶
这件衬衫有没有蓝色的？ 　　　　　　　lán sè 　　　　　　　blue	蓝色的=蓝色的衬衫
这个房间太小了，有没有大一点儿的？	大一点儿的=大一点儿的房间
豆腐太辣了，有没有不辣的？	不辣的=不辣的菜

练一练

一、选词造句　Make sentences with the proper words

_____ 太 _____ 了。　　　酸　冷
　　　　　　　　　　　　　　　　　　　　　　甜　贵

500元

二、用"形容词+一点儿"完成句子
Complete the following sentences with "adj.+一点儿"

1. 这件衬衫太贵了，_____。

2. 我喜欢吃_____的菜。

3. 我听不懂，请你说_____？
   （dǒng / understand）

4. 这条裙子太短了，我要_____的。

三、用"的"字结构填空
Fill in the following blanks with "的" structure

1. 那双鞋有点儿大，我想要_____。

2. 我不喜欢蓝色，有没有_____？

3. 这瓶可乐是_____，不是_____。

4. 这个电话号码是_____。

学一学

一、词语准备 New words

1	售货员	shòuhuòyuán	名	salesman
2	这	zhè	代	this
3	黑色	hēisè	名	black
4	大衣	dàyī	名	coat
5	太	tài	副	too
6	短	duǎn	形	short

第十课　便宜一点儿吧！

Dì-shí Kè　Piányi Yì Diǎnr Ba!

7	喜欢	xǐhuan	动	like
8	那	nà	代	that
9	蓝色	lánsè	名	blue
10	能	néng	动	can
11	再	zài	副	more
12	低	dī	形	low
13	中号	zhōnghào	名	medium size

二、对话 Dialogue

售货员：Zhè jiàn hēisè de dàyī zěnmeyàng?
这件 黑色的 大衣 怎么样？

Anna：Tài duǎn le, wǒ xǐhuan cháng yì diǎnr de.
太短了，我喜欢长一点儿的。

售货员：Nà jiàn lánsè de bǐ zhè jiàn cháng, nǐ xǐhuan ma?
那件蓝色的比这件长，你喜欢吗？

Anna：Duōshǎo qián?
多少钱？

售货员：Sìbǎi wǔshí kuài.
四百五十块。

Anna：Tài guì le, piányi yì diǎnr ba.
太贵了，便宜一点儿吧。

售货员：Sìbǎi, bù néng zài dī le.
四百，不能再低了。

Anna：Xíng, wǒ yào yí jiàn zhōnghào de.
行，我要一件中号的。

练一练

一、模仿例子进行对话 Make dialogues by imitating the example

例如：

A：这件红色的衬衫多少钱？
B：499块。
A：太贵了，便宜一点儿吧。

499元

860元

510元

1500元

二、完成对话 Make dialogues

不喜欢　　　　　　　　　　喜欢

①  120元　　 170元

第十课　便宜一点儿吧！

Dì-shí Kè　Piányi Yì Diǎnr Ba!

②

③

④

A：这条白色的裤子怎么样？

B：太短了，我喜欢长一点儿的。

A：那条白色的比这条长，你喜欢吗？

B：多少钱？

A：170元。

B：太贵了，便宜一点儿吧。

A：160元，不能再低了。

B：行，我要一条。

三、你喜欢哪个书包（shūbāo）？为什么？ **Which bag do you like? Why?**

120元

230元

690元

实 践

一、根据购物小票，模拟购物时的场景。
Simulate the scene of shopping according to the receipt.

购物小票			
Name	Amount	Original Price	Current Price
J-01衬衫（绿）	2	300	240
		Total：480元	

第十课　便宜一点儿吧！

二、选购你喜欢的衣服，并模拟购物时的情景。
Please choose your favorite clothes, and simulate the scene of shopping.

500元
400元

600元
450元

660元
600元

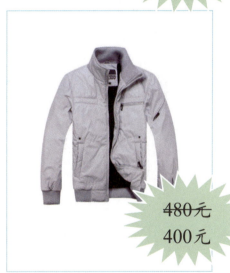

480元
400元

三、小调查：你喜欢什么颜色的衬衫、裤子、鞋和大衣？去商场看看它们的价格。
Investigation: What color do you like for your shirts, pants, shoes and coats? Please investigate their prices in shopping mall.

_____的衬衫：_____元

_____的裤子：_____元

_____的鞋：_____元

_____的大衣：_____元

商场购物常用表达 Useful expressions of shopping

1. 这件黑色（绿色／蓝色……）的大衣怎么样？
2. 太短（长／小……）了，我喜欢长（短／大……）一点儿的。
3. 那件蓝色（黄色……）的这件长（短／大……），你喜欢吗？
4. 多少钱？
5. 我要一件中号（大号／小号）的。

讲价常用表达 Useful expressions of bargaining

1. 太贵了，便宜一点儿吧。
2. 四百（三百五十……），不能再低了。

你想学习更多吗？

将下面的图片及其名称用线连起来
Connect the following pictures with the suitable name

第十课 便宜一点儿吧！
Dì-shí Kè Piányi Yì Diǎnr Ba!

折扣 Discount

sānzhé	wǔzhé	qīzhé	yīwǔzhé	bāwǔzhé
三折	五折	七折	一五折	八五折
85% off	30% off	15% off	50% off	70% off

颜色及图案 Color and pattern

kāfēisè
咖啡色

tiáowén
条纹

huīsè
灰色

zǐsè
紫色

gézi
格子

chéngsè
橙色

物品 Goods

qiánbāo gè
钱包（个）

shūbāo gè
书包（个）

xīzhuāng jiàn
西装（件）

小组活动 Group work

商店正在八折优惠，请选购你喜欢的商品，然后和朋友模拟购物时的场景。
The shopping center is making a 20% discount, please choose your favorite products, and simulate the scene of shopping with your partner.

200元　　　　250元　　　　400元　　　　220元

3000元　　　4500元　　　800元　　　　1500元

附录

商务常用句：拜托

Bàituō.
1. 拜托。

Xīnkǔ le.
2. 辛苦了。

Qǐng duōduō bāohán.
3. 请 多多 包涵。

Qǐng fàng xīn.
4. 请 放心。

Yuànyì xiàoláo.
5. 愿意 效劳。

第十一课
Dì-shíyī Kè

这个人是谁？
Zhège Rén Shì Shuí?

目标

① 交际功能
介绍他人

② 语言点
用疑问副词"多"提问
用"呢"提问

新丝路——初级商务汉语综合教程 I

学一学

一、亲属关系 Kinship

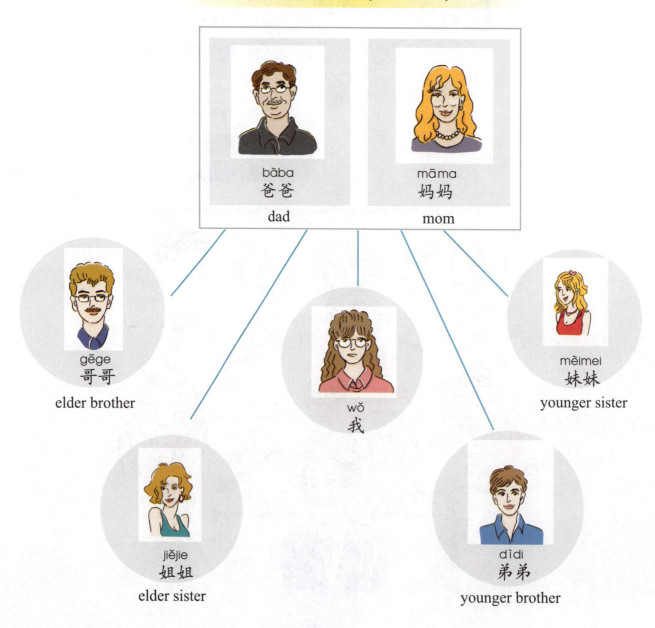

第十一课　这个人是谁？

亲属关系的表示 Express the kinship

我	爸爸	王乐		爸爸
他	妈妈	Jennifer		妈妈
			的	
你	姐姐	Anna		姐姐
她	弟弟	李明		弟弟

二、询问年龄 Asking about the age

询问年轻人 Ask the young

问		答
你	多大了？(dà)	我24岁。(suì year)
Anna		Anna20岁。
你弟弟		我弟弟20岁。
他妹妹		他妹妹18岁。

询问长者 Ask the elders

问		答
您	多大年纪了？(niánjì age)	我50岁了。
他爸爸	多大岁数？(suìshu age)	他爸爸65岁。
你妈妈	多大年纪？	我妈妈58岁。

三、用"呢"的疑问句 Interrogative sentences with "ne"

问	答
面包五块五，可乐呢(ne)？	可乐三块五。
Jennifer去银行了，Anna呢？	Anna去超市了。

我要牛肉，你呢？	我要猪肉。
我喜欢黑色的大衣，你呢？	我喜欢蓝色的。
我哥哥28岁了，你哥哥呢？	我哥哥30岁了。

练一练

一、哪些空格要填"的"
Fill in the blanks with "的" where necessary

我（　）爸爸和王乐（　）爸爸是同事，我（　）哥哥和王乐（　）姐姐结婚了，我（　）弟弟和王乐（　）妹妹是同学，我和王乐是好朋友。

二、完成对话 Complete the following dialogue

问	答
	我妹妹12岁。
	李明的哥哥28岁。
你爸爸多大年纪了？	
你多大了？	

三、用"呢"提问 Make interrogative sentences with "呢"

1. A：今天下雨，＿＿＿＿＿＿＿？

   B：明天刮风。

第十一课　这个人是谁？

2. A：这件大衣400块，_____？

   B：那条裤子320块。

3. A：山本的电话是51605829，_____？

   B：Mary的电话是62885249。

4. A：我24岁，_____？

   B：我22岁。

学一学

一、词语准备 New words

1	人	rén	名	person
2	工作	gōngzuò	动、名	work
3	公司	gōngsī	名	company
4	经理	jīnglǐ	名	manager
5	大学生	dàxuéshēng	名	undergraduate
6	专业	zhuānyè	名	major
7	经济	jīngjì	名	economy
8	家	jiā	名	family
9	口	kǒu	量	measure word
10	和	hé	连	and
11	今年	jīnnián	名	this year
12	医生	yīshēng	名	doctor

133

二、对话 Dialogue

Anna：这两个人是谁？

Jennifer：这个是我哥哥，那个是我妹妹。

Anna：你哥哥多大了？

Jennifer：30 岁。

Anna：他在哪儿工作？

Jennifer：他在公司工作，是经理。

Anna：你妹妹呢？

David：她是大学生，专业是经济。

三、叙述 Narrative

Jennifer：我家有5口人，爸爸、妈妈、哥哥、妹妹和我。我哥哥今年30岁，是公司经理。我妹妹22岁，是大学生，专业是经济。我是医生，今年28岁。

第十一课 这个人是谁？

练一练

一、模拟例子，询问各位的年龄
Asking about the age by imitating the example

60岁

58岁

34岁

32岁

27岁

24岁

kate
8岁

John
3岁

例如：爸爸和妈妈

> A：你爸爸多大年纪了？
> B：他60岁。
> A：你妈妈呢？
> B：她58岁。

1. 哥哥和弟弟
2. 姐姐和妹妹
3. Kate和John

二、介绍各位的工作 Introduce the job of each person in the picture

服务员

Lǐ Fēng
李峰，25岁

医生

Jennifer，30岁

收银员

Zhāng Kě
张 可，25岁

学生

David，28岁

出租车司机

Jack，46岁

三、根据照片，完成对话
Complete the following dialogues according to the photos

1.
A：这两个人是……？
B：这个是我姐姐，那个是我弟弟。
A：……？
B：30岁。
A：她在……工作？
B：她在……工作，是……。
A：你弟弟呢？
B：他是……，专业是中文。

第十一课 这个人是谁？

Dì-shíyī Kè Zhège Rén Shì Shuí?

2.
 A：这两个人是……？
 B：这个是我哥哥，那个是我姐姐。
 A：……？
 B：30岁。
 A：他在……工作？
 B：他是……。
 A：你姐姐呢？
 B：她在……工作，是……。

3.
 A：这几个人是……？
 B：这个是我妈妈，这个是我哥哥，
   这个是我姐姐。
 A：你妈妈在哪儿工作？
 B：她在……，是……。
 A：你哥哥呢？
 B：他是……。
 A：你姐姐呢？
 B：她在……工作。

实践

一、你弟弟David给你寄来E-mail和照片，请你向朋友介绍这张照片。
Your brother, Daivd, sent an E-mail and a photo, to you please introduce this picture to your partner.

二、根据Martin的日记，介绍一下下面的照片。
Introduce the following photo according to Martin's diary.

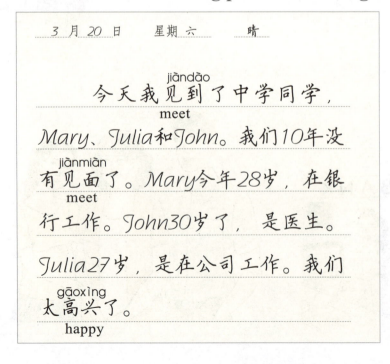

三、拿一张全家福，向朋友介绍家人的年龄、工作、专业等。
Take a photo of your family, and introduce your family to your partner, including their age, job, major, etc.

我们家有……口人，……和我。……

介绍他人常用表达 Useful expressions of introducing persons

1. 这（那）个人是谁？
2. 他（她）是我哥哥（我爸爸／我妹妹…）。
3. 他（她）今年多大（多大年纪）了？
4. 他／她22（60／18……）岁。
5. 他／她在哪儿工作？
6. 他／她在公司（银行／……）工作，是经理。
7. 他／她是大学生，专业是经济。

你想学习更多吗？

将下面的名称与相应解释用线连起来
Connect the following name with the suitable interpretation

亲属称谓 Kinship terms

yéye 爷爷	bàba de jiějie mèimei 爸爸的姐姐／妹妹
nǎinai 奶奶	bàba de dìdi 爸爸的弟弟
gūgu 姑姑	bàba de bàba 爸爸的爸爸
shūshu 叔叔	māma de gēge dìdi 妈妈的哥哥／弟弟
jiùjiu 舅舅	bàba de māma 爸爸的妈妈

专业 Major

jìsuànjī 计算机	international studies
fǎlǜ 法律	international trade
guójì guānxì 国际关系	law
guójì màoyì 国际贸易	computer
shēngwù 生物	biology

小组活动 Group work

用学过的词语介绍你的亲属和朋友。
Introduce your family and friends with the words you learnt.

要求： Instructions:

1. 一个人询问，一个人回答。
   One asks, and the other answers.

2. 提问要用"谁、多大、哪儿、呢"。
   Questions should with "谁、多大、哪儿、呢".

3. 每人最少4句话。
   Everyone should say at least four sentences.

说一说

商务常用句：求助

1. Láojià.
   劳驾。

2. Máfan nǐ……
   麻烦你……

3. Dǎrǎo le.
   打扰了。

4. Bù hǎo yìsi.
   不好意思。

5. Bāng wǒ máng hǎo ma?
   帮我忙好吗?

第十二课
我要买一张机票
Dì-shí'èr Kè
Wǒ Yào Mǎi Yì Zhāng Jīpiào

目标

① **交际功能**
- 购买机票
- 征求意见

② **语言点**
- 从……到……
- 用"行吗/可以吗"提问
- "半"的表示

学一学

一、从……到…… cóng…… dào ……

从	银行	到	超市	从银行到超市，要走十分钟。
	Běijīng 北京		Shànghǎi 上海	从北京到上海，坐飞机要多长时间？ zuò fēijī / by plane
	八点		十点	从八点到十点上 汉语课。 shàng Hànyǔ kè / have a Chinese lesson
	星期一		星期五	从星期一到星期五，我每天都 上班。 měi dōu shàngbān / every all be on duty

二、……行吗/可以吗？ …… xíng ma/kěyǐ ma?

住单人间，	行吗/ 可以吗？
明天我们去爬山， climb mountains	
我星期五请你吃饭，	
晚上的机票 jīpiào / plane ticket	

第十二课　我要买一张机票

三、"半"的表示 Express half

<1

半 + 量词 + 名词

半	个	面包
	瓶	可乐
	盒	牛奶
	个	小时 xiǎoshí hour

>1

数词 + 量词 + 半 + 名词

数词	量词	半	名词
一	个	半	面包
两	瓶	半	可乐
三	盒	半	牛奶
四	个	半	小时

练一练

一、用"从……到……"造句 Make sentences with "从……到……"

1. 超市　　　银行　　　坐出租车要10分钟
2. 北京　　　上海　　　坐飞机要2个小时
3. 8点　　　 12点　　　学习 汉语 xuéxí Hànyǔ learn Chinese
4. 10月1号　 10月7日　 放假 fàng jià take a holiday

145

二、用"……行吗／可以吗？"完成对话
   Complete the following dialogues with "……行吗／可以吗？"

1.

2. 我要单人间。 没有单人间了，_____？

3. 星期三晚上_____？

4.

三、用"半"描述下列图片 Describe the following pictures with "半"

 _____啤酒

 _____酸奶

 _____米饭

 _____汉堡包

 _____可乐

 _____牛奶

学一学

一、词语准备 New words

1	买	mǎi	动	buy
2	张	zhāng	量	piece
3	从	cóng	介	from
4	机票	jīpiào	名	air ticket
5	售票员	shòupiàoyuán	名	booking clerk
6	对不起	duìbuqǐ	动	sorry

7	起飞	qǐfēi	动	(of aircraft) take off
8	飞	fēi	动	fly
9	大概	dàgài	副	probably
10	本来	běnlái	副	originally
11	打算	dǎsuan	动	intend
12	可是	kěshì	连	but

二、对话 Dialogue

David：您好，我要买一张28号下午从北京到上海的机票。

售票员：请稍等……对不起，28号下午的机票没有了，晚上的行吗？

David：几点起飞？

售票员：晚上七点。

David：飞多长时间？

售票员：大概两个半小时，九点半到。

David：行，我要一张。

148

Dì-shí'èr Kè　Wǒ Yào Mǎi Yì Zhāng Jīpiào

第十二课　我要买一张机票

三、叙述 Narrative

David：我本来打算28号下午从北京到上海，可是没有机票了。我买了晚上七点的机票，飞机要飞两个半小时，我大概九点半到上海。

练一练

一、两人一组，询问航班时刻
Ask about the flight time with your partner

	航线 airline	起飞	到达
1	北京→上海	08:00	10:00
2	Xiānggǎng 香港→北京 Hong Kong	12:00	15:20
3	上海→东京 Tokyo	14:00	17:30

A：从……到……的飞机几点起飞？

B：……。

A：飞多长时间？

B：大概……，……到。

二、根据图表，完成购票
Purchase the plane tickets according to the following chart

	航线 airline	日期 date	起飞	到达 arrive	是否有票 any ticket left
1	Xiānggǎng 北京→香港 Hong Kong	10月21日	13:30	17:15	有
		10月22日	13:30	17:15	没有

149

2	东京→上海 Tokyo	11月9日	11:00	13:55	没有
		11月9日	19:00	21:35	有
3	Xiānggǎng 香港→上海 Hong Kong	12月23日	09:00	11:30	有
		12月23日	16:35	19:00	没有

A：您好，我要买一张……从……到……的机票。

B：请稍等……对不起，……，……的行吗？

A：几点起飞？

B：……。

A：飞多长时间？

B：大概……，……到。

A：……，我要一张。

三、根据练习二的信息，说说订票的经历
Introduce the experience of booking ticket according to the above information

我……打算……号上午从……到……，……没有机票了，我买了……的机票，飞机要飞……，我大概……到……。

第十二课　我要买一张机票

实　践

一、根据图示，模拟购票
Simulate the scene of buying a plane ticket according to the pictures

8日
订一张11日下午去东京的机票

中国国际航空公司

自 (from)：北京　　起飞时间　　到达时间
至 (to)：东京　　3月11日08:15　　3月11日12:45

A：您好，我要买一张……月……日从……到……的机票。
B：请稍等……对不起，……号下午的机票没有了，……的行吗？
A：……起飞？
B：……。
A：飞多长时间？
B：大概……，……到。
A：……，我要一张。

二、请帮Martin买一张合适的机票，然后给他写一个短信。
Please buy a plane ticket for Martin, and then send him a short message.

发件人：Martin
王乐，请帮我买一张去上海的机票，我想18号下午走，晚上走也可以。谢谢！

北京→上海（18日）

出发时间 Departure time	到达时间 Arrival time	预定情况 Reservation
09:00	10:50	有票
14:30	16:25	没有票
19:00	21:25	有票

王　乐：您好，我要买一张……从……到……的机票。

售票员：请稍等……对不起，……号下午的机票没有了，……的行吗？

王　乐：……起飞？

售票员：……。

王　乐：飞多长时间？

售票员：大概……，……到。

王　乐：行，我要一张。

发件人：王乐

Martin，我_____打算买18日下午_____从_____到_____的机票，没有机票了。我买了晚上_____的机票，飞机要飞_____，大概_____到上海。

三、马上就要放假了，你打算坐飞机去哪儿旅游？你对出发时间有什么要求？

The holiday is coming, where do you intent to travel by plane? When will you depart?

第十二课 我要买一张机票

总 结

买机票常用表达 Useful expressions of purchasing the plane tickets

1. 我要买一张28号下午从北京（香港……）到上海（东京……）的机票。
2. 对不起，28号下午（上午……）机票没有了，晚上的（下午……）行吗？
3. 几点起飞？
4. 晚上七点（九点……）。
5. 飞多长时间？
6. 大概两个半小时（三小时……），九点半（十点……）到。
7. 我要一（两……）张。

征询意见常用表达 Useful expressions of seeking the advice

28号下午的机票没有了，晚上的行吗／可以吗？

你想学习更多吗？

将下面的图片及其名称用线连起来
Connect the following pictures with the suitable name

飞机 Plane

jīngjìcāng	tóuděngcāng	gōngwùcāng
经济舱	头等舱	公务舱

火车 Train

yìngzuò
硬座

ruǎnwò
软卧

ruǎnzuò
软座

yìngwò
硬卧

huǒchēpiào
火车票

gāotiě
高铁

小组活动 Group work

1. 周末你和朋友要去旅游，你们打算去哪儿？怎么去？
   Your friend and you will take a trip this weekend. Where do you plan to go? And how to go?

2. 你和公司经理要去香港开会，请你查询航班时间和机票价格。
   Your manager and you will go to a meeting in Hong Kong, please ask about flight time and fares.

说一说

商务常用句：表达看法

1. Méi wèntí.
   没 问题。

2. Nǐ shuō de duì.
   你 说 得 对。

2. Wǒ tóngyì.
   我 同意。

4. Zhè bù kěnéng.
   这 不 可能。

5. Wǒ bù zhèyàng rènwéi.
   我 不 这样 认为。

第十三课
Dì-shísān Kè

您想租多大的房子？
Nín Xiǎng Zū Duō Dà de Fángzi?

目标

① **交际功能**
租房

② **语言点**
用疑问副词"多"提问
数量结构＋左右
一……就……

准备

学一学

一、询问面积 Asking about the area

问	答
这个单人间有多大？	这个房间有30平(方)米。 píngfāngmǐ m²
那个标准间有多大？	那个标准间有20平(方)米。
你的家有多大？	我家有120平(方)米。
你想买多大的房子？ fángzi house	我想买100平(方)米的房子。

二、数量结构+左右 The numerical-quantitative structure + zuǒyòu

20块	
9点半	左右
60岁	
80平米	

三、一……就…… yī……jiù……

我		下课 xià kè finish class		回家。 huí jiā go home
David	一	去超市	就	买可乐。
Anna		回家		打电话。
他们		到上海		去吃饭。

第十三课　您想租多大的房子？

Dì-shí sān Kè　Nín Xiǎng Zū Duō Dà de Fángzi?

练一练

一、完成对话 Complete the following dialogues

问	答
你的家有多大？	
	王乐的家有100平米。
	这个标准间有30平米。
你想有一个多大的房子？	

二、用"左右"回答问题
answer the following questions with "左右"

1. 你每天几天起床？（qǐ chuáng / get up）
2. 从北京到上海的机票大概多少钱？
3. 你的汉语老师多大了？
4. 你想买多大的房子？

三、选择合适词语完成句子
Complete the following sentences with proper words

_____ 一 _____ 就 _____ 。

Jennifer	下课	买衣服
他	去商场 (shāngchǎng / shopping center)	回家
山本	放假	听音乐 (tīng yīnyuè / listen to the music)
她	到星期天	去爬山

159

学一学

一、词语准备 New words

1	租	zū	动	rent
2	套	tào	量	set
3	房子	fángzi	名	house
4	中介	zhōngjiè	名	agency
5	学校	xuéxiào	名	school
6	附近	fùjìn	名	nearby
7	预期	yùqī	动	expect, anticipate
8	价格	jiàgé	名	price
9	每	měi	代	each
10	留	liú	动	leave behind
11	下	xià	动	(used after a verb) indicating the completion of an action
12	消息	xiāoxi	名	information
13	通知	tōngzhī	动	inform

二、对话 Dialogue

Martin：您好，我想租一套房子。
Nín hǎo, wǒ xiǎng zū yí tào fángzi.

中介：您想在哪儿租？
Nín xiǎng zài nǎr zū?

160

第十三课 您想租多大的房子？

Martin：在学校附近。

中介：您想租多大的房子？

Martin：80平米左右。

中介：您预期的价格是多少？

Martin：每个月3500块左右。

中介：请留下您的电话号码，我们一有消息就通知您。

Martin：好的。我的电话是51364453，我等你们的消息。

三、叙述 Narrative

Martin：我想在学校附近租一套80平米左右的房子，每个月3500块左右。我给中介公司留了电话号码。他们说，一有消息就通知我。

练一练

一、模仿例子，看图说话 Make dialogues by imitating the example

例如：

A：您想租多大的房子？
B：50平米左右。
A：好的，我们一有消息就通知您。

50平米

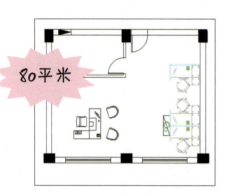

80平米

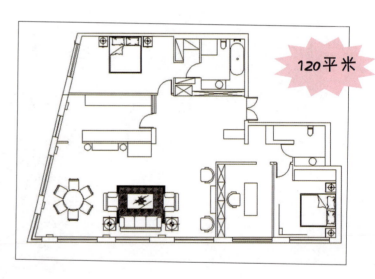

120平米

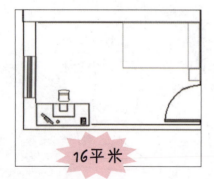

16平米

二、根据订单，模拟客户租房的情况
Simulate the scene of renting houses according to the order sheet

Name	Place	M²	Expected price (yuan/month)	Tel
Anna	医院附近	60	800	82461538
David	公司附近	40	500	70650132
王乐	超市附近	80	1000	51605177

第十三课　您想租多大的房子？

A：您好，我想……。
中介：您想……？
A：在……附近。
中介：您想租……？
A：……左右。
中介：您预期的价格是多少？
A：每个月……。
中介：请留下……，我们一……就……。
A：好的。……。

三、你想租房子吗？说说你要租什么样的房子
Do you want to rent an apartment? Describe it to your partner

我在……附近……，可是我家……。我想在……附近租……平米左右的房子，每个月……块左右。我给中介公司……，他们说，一……就……

一、山本去中介公司租房，他应该怎么说？他的要求是：
Yamamoto will go to the agency for renting an apartment, how will he say? His reqirements are:

1. 在家乐福超市附近； The apartment should near by Carrefour;

2. 90平米左右； The area is about 90 square meters;

3. 每个月1200元。 The price is about 1200 yuan per month.

二、请根据实际情况填写租房信息表，然后模拟租房。
Please fill in the following chart according to your actual conditions, and then simulate the scene of renting a house.

中大房屋中介　　客户信息表

姓　　名：_____　　地　　点：_____

面　　积：_____　　预期价格：_____元

电　　话：_____

三、画一张你家的格局图，并向朋友介绍一下你家的各个房间。
Draw a layout chart of your house, and introduce each room to your partner.

第十三课 您想租多大的房子？

总 结

租房常用表达 Useful expressions of renting the house

1. 我想租一套房子。
2. 您想在哪儿租？
3. 在学校（超市／……）附近。
4. 您想租多大的房子？
5. 80（100／……）平米左右。
6. 您预期的价格是多少？
7. 每个月1500块（800块／……）左右。
8. 请留下您的电话号码，我们一有消息就通知您。
9. 我的电话是51364453（……），我等你们的消息。

你想学习更多吗？

将下面的图片及其名称用线连起来
Connect the following pictures with the suitable name

居室类型 Room types

| wèishēngjiān | wòshì | kètīng | cāntīng | chúfáng |
| 卫生间 | 卧室 | 客厅 | 餐厅 | 厨房 |

家具 Furniture

shāfā
沙发

yīguì
衣柜

chuáng
床

xiězìtái
写字台

shūguì
书柜

小组活动　Group work

1. 你的朋友要到北京来学习汉语，请你帮忙租房子，你和中介怎么说？
   Your friend asked you to help him rent a house in Beijing for his learning Chinese, how do you say with the agency?

2. 你的公司要在银行附近租一套房子作办公室，你和中介怎么说？
   Your company plans to rent an apartment as the office near by a bank, how do you say with the agency?

第十三课 您想租多大的房子？

说一说

商务常用句：表示感谢

1. 多谢。
2. 非常感谢。
3. 给您添麻烦了。
4. 不客气。
5. 没关系。

第十四课 Dì-shísì Kè
假期你打算做什么? Jiàqī Nǐ Dǎsuan Zuò Shénme?

① 目标

交际功能
- 假期安排
- 祝愿

② 语言点
- 快(要)……了
- 动词+过
- 祝+代词+……!

准 备

学一学

一、快（要）……了 kuài(yào)……le

kuài yào 快（要）	吃饭	了
	下雪	
	fàng jià 放假 take a holiday	
	下课	

二、动词+过 verb+ guo

我		去	过	Xiānggǎng 香港。 Hong Kong
我		吃		kǎo yā 北京烤鸭。 roast duck
David	星期一	dìng 订 book		一张机票。
Anna	没有	买		那件大衣

三、祝+代词+……！ zhù+ pronoun +……！

Zhù nǐ lǚxíng yúkuài!
祝 你 旅行 愉快！ I wish you a pleasant journey!

Zhù nǐ xuéxí jìnbù!
祝 你 学习 进步！ I wish you progress in study!

Zhù nǐ shēngrì kuàilè!
祝 你 生日 快乐！ Happy birthday to you!

Zhù nín shēntǐ jiànkāng!
祝 您 身体 健康！ I wish you good health!

第十四课　假期你打算做什么？

Dì-shísì Kè　Jiàqī Nǐ Dǎsuan Zuò Shénme?

练一练

一、用"快……了"造句　Make sentences with "快……了"

1.

2.

3.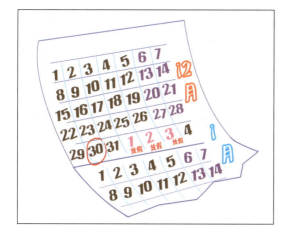

4.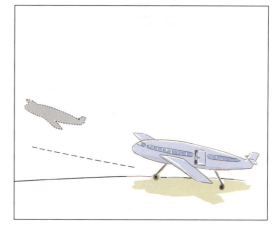

二、完成对话　Complete the following dialogues

问	答
你吃过饺子(jiǎozi / dumpling)吗？	
	我给David打过电话。
你去过上海吗？	
	我没见(jiàn / meet)过他。

171

三、选用合适的祝愿表达 Choose the appropriate blessings

1.

2.

3.

4.

学一学

一、词语准备 New words

| 1 | 放假 | fàng jià | take a holiday |

第十四课 假期你打算做什么？
Dì-shísì Kè Jiàqī Nǐ Dǎsuan Zuò Shénme?

2	假期	jiàqī	名	holiday, vacation
3	做	zuò	动	do
4	回	huí	动	return
5	国	guó	名	country
6	旅行	lǚxíng	动	travel
7	没（有）	méiyǒu	副	not, no
8	也	yě	副	also, too
9	听说	tīngshuō	动	hear about
10	那儿	nàr	代	there
11	很	hěn	副	very
12	漂亮	piàoliang	形	beautiful
14	希望	xīwàng	动	hope, wish
15	马上	mǎshàng	副	immediately
16	来到	láidào		arrive

二、对话 Dialogue

David: 快放假了，假期你打算做什么？
Kuài fàng jià le, jiàqī nǐ dǎsuan zuò shénme?

Anna: 我打算一放假就回国，我太想家了。
Wǒ dǎsuan yí fàng jià jiù huíguó, wǒ tài xiǎng jiā le.

你呢？
Nǐ ne?

David: 我打算去旅行。
Wǒ dǎsuan qù lǚxíng.

Anna: 去哪儿旅行？
Qù nǎr lǚxíng?

David：我想先去上海，然后去香港。你去过上海和香港吗？

Anna：我去过上海，没去过香港。祝你旅行愉快！

David：谢谢，也祝你假期快乐！

三、叙述 Narrative

Anna：快放假了，我打算一放假就回国，我太想家了。David他打算去旅行，她先去上海，然后去香港。我去过上海，可是没有去过香港，听说那儿很漂亮。我们都希望假期马上来到。

第十四课　假期你打算做什么？

练一练

一、询问假期计划 Ask about the plans of the holiday

	假期计划
Martin	回国
Jennifer	去香港
王乐	去上海

A：快放假了，你打算……？
B：我打算……。
A：祝你……！
B：谢谢。

二、根据图示完成对话
Complete the following dialogue according to the pictures

Anna：快放假了，假期你打算……？
山本：我打算一……就……，我太……了。你呢？

> Anna：我打算……。
>
> 山本：去……旅行？
>
> Anna：我想先……，然后……。你去过……吗？
>
> 山本：我……。祝你……！
>
> Anna：谢谢，也祝你……！

三、询问你的朋友假期打算做什么，并对他的假期表示祝愿。（每个人最少4句话）

Ask about your partner's plan of the holiday, and express your wishes for his holiday. (At least 4 sentences for each person)

实 践

一、下面是Anna的日记，请根据内容模拟Jennifer和Anna见面时的对话。

Simulate the dialogue between Jennifer and Anna according to Anna's diary.

> 2016年 6月 30日 星期 四 晴
>
> 7月3号就放假了。
>
> 今天，Jennifer说她假期打算先去意大利(Yìdàlì / Italy)，然后回英国(Yīngguó / U.K.)。意大利和英国我都没去过，我要去北京学习汉语，我要学习1个月。我7月3号晚上坐飞机去北京。

第十四课 假期你打算做什么？

二、根据邮件内容，模拟王乐和Martin放假前的对话。
Simulate the dialogue between Wang Le and Martin before their holiday according to the E-mail.

发件人	Wangle@sina.com
收件人	Martin@126.com
主　题	假期你做什么？
时　间	2016年7月29日 18：30

　　Martin，假期我去上海和香港了，上海和香港很漂亮，给你一些照片。你假期怎么样？给我发E-mail吧。

王乐

☑ 发送　　　　　　　　　☐ 保存到草稿箱

发件人	Martin@126.com
收件人	Wangle@sina.com
主　题	假期你做什么？
时　间	2016年7月30日 9：30

　　王乐，你的照片太漂亮了。谢谢！我一放假就到意大利了，我姐姐在意大利工作。我在意大利半个月了。我打算明天回家。

Martin

☑ 发送　　　　　　　　　☐ 保存到草稿箱

三、你假期有什么安排？说说你的计划。
Tell your arrangement of the holiday to your partner.

快放假了，我打算……

询问假期计划常用表达
Useful Expressions of asking about the holiday arrangement

1. 快放假了，假期你打算做什么？
2. 我打算一放假就回家（……），我太想家了。
3. 我打算去旅行（……）。先去上海（……），然后去香港（……）。你去过上海和香港（……）吗？
4. 我去过上海（……），没去过香港（……）。我听说香港（……）很漂亮。

祝贺某人常用表达 Useful Expressions of blessing

1. 祝你旅途愉快
2. 祝你学习进步！
3. 祝你生日快乐！
4. 祝你身体健康！

第十四课 假期你打算做什么？
Dì-shísì Kè Jiàqī Nǐ Dǎsuan Zuò Shénme?

你想学习更多吗？

将下面的图片或解释及其名称用线连起来
Connect the following pictures with the suitable name

假期 Holiday

   Xīnnián 新年

   Shèngdàn Jié 圣诞节

                         shǔjià 暑假

                         Guóqìng Jié 国庆节

   hánjià 寒假

                         Chūnjié 春节

祝愿用语 Blessing

Zhù nǐ hǎoyùn
祝 你 好运   Wish you a pleasant journey

Zhù nǐ xīnnián kuàilè
祝 你 新年 快乐   Good Luck

Zhù nǐ Shèngdàn kuàilè
祝 你 圣诞 快乐   Happy New Year

Zhù nǐ yí lù shùnfēng
祝 你 一路 顺风   Merry Christmas

小组活动　Group work

1. 圣诞节和新年你和朋友有什么安排？
   What are your arrangements for the Christmas and the New Year? What about your partner?

2. 向朋友介绍一下你的国家最重要的假期，并说说人们一般怎么安排的。
   Introduce one of important holidays in your country to your partner.

商务常用句：办理签证

1. Nǐ wèishénme yào qù Zhōngguó?
   你 为什么 要 去 中国？

2. Nǐ dǎsuan zài Zhōngguó dāi duō jiǔ?
   你 打算 在 中国 待 多久？

3. Nǐ yào qù Zhōngguó nǎ ge chéngshì xuéxí / lǚyóu?
   你 要 去 中国 哪 个 城市 学习 / 旅游？

4. Nǐ jiāng zhù zài nǎr?
   你 将 住 在 哪儿？

5. Nǐ yǒu E-MAIL dìzhǐ ma?
   你 有 E-MAIL 地址 吗？

6. Wǒmen zěnyàng kěyǐ yǔ nǐ zhíjiē liánxì?
   我们 怎样 可以 与 你 直接 联系？

生词总表

序号	生词	拼音	词性	英译	日译	韩译	出处
1.	八	bā	数	eight	はち	팔(여덟)	1
2.	爸爸	bàba	名	father	お父さん、父	아버지	11
3.	吧	ba	助	particle	だろう、でしょう	명령문, 청유문 등에 쓰이는 조사	7
4.	百	bǎi	数	hundred	ひゃく	백	1
5.	办	bàn	动	handle	扱う、処理する	(일을) 하다. 처리하다	9
6.	办理	bànlǐ	动	handle	扱う、処理する	처리하다. 해결하다	9
7.	半	bàn	数	half	半	반	12
8.	北	běi	名	north	北	북	2
9.	北京	Běijīng		Beijing	北京	북경	12
10.	本来	běnlái	副	originally	本来	본래. 원래	12
11.	比	bǐ	介	than	より、ほど	……보다. ……에 비해	7
12.	边	biān	名	side	そば、となり	가장자리, 쪽	2
13.	标准间	biāozhǔnjiān	名	standard room	スタンダードルーム	스탠다드룸	8
14.	不	bù	副	no, not	いいえ、ない	부정을 표시하는 부사	3
15.	不错	búcuò	形	not bad	悪くない	괜찮다. 좋다	7
16.	不客气	búkèqi		You are welcome.	どういたしまして	별말씀을요	2
17.	层	céng	名	floor	階	층	8
18.	长	cháng	形	long	長い	길다	9
19.	超市	chāoshì	名	supermarket	スーパーマーケット	슈퍼마켓	2
20.	衬衫	chènshān	名	shirt	シャツ	셔츠	1
21.	吃	chī	动	eat	食べる	먹다	5
22.	出租车	chūzūchē	名	taxi	タクシー	택시	2
23.	次	cì	量	measure word	回、度	번. 횟수	4
24.	从	cóng	介	from	から	……부터	12
25.	存	cún	动	deposit	蓄える	저축하다. 모으다	9
26.	打	dǎ	动	call	電話する	(전화를) 걸다	3
27.	打算	dǎsuan	动	intend	つもり	계획하다	12
28.	大	dà	形	big, large	大きい	크다	11

29.	大概	dàgài	副	probably	たぶん	대략. 대강	12
30.	大学生	dàxuéshēng	名	undergraduate	大学生	대학생	11
31.	大衣	dàyī	名	coat	コート	외투	10
32.	单人间	dānrénjiān	名	single room	一人用の部屋	일인실	8
33.	到	dào	动	reach	着く	도착하다	2
34.	的	de	助	particle	の	수식관계를 나타내는 조사	3
35.	等	děng	动	wait	待つ	기다리다	6
36.	低	dī	形	low	低い	낮다	10
37.	弟弟	dìdi	名	younger brother	弟	남동생	11
38.	第一	dìyī	数	first	一番目	첫 번째. 최초	4
39.	点	diǎn	量	o'clock	時	(양사) 시	5
40.	点	diǎn	名	decimal point	小数点	(소수)점	9
41.	电话	diànhuà	名	telephone	電話	전화	3
42.	订	dìng	动	book	予約する	예약하다	14
43.	定期	dìngqī	名	fixed (deposit)	定期(預金)	정기. 정기예금	9
44.	东	dōng	名	east	東	동	2
45.	都	dōu	副	all	全て、全部、皆	모두	12
46.	豆腐	dòufu	名	tofu	豆腐	두부	6
47.	短	duǎn	形	short	短い	짧다	10
48.	对	duì	形	right	そう、なるほど	맞다. 옳다	6
49.	对不起	duìbuqǐ	动	sorry	すみません	미안하다	12
50.	多	duō	副	how	なんと、いかに	얼마나	9
51.	多少	duōshǎo	代	how much	いくら	얼마. 몇	1
52.	二	èr	数	two	に	이(둘)	1
53.	饭	fàn	名	meal	ご飯	밥	5
54.	饭店	fàndiàn	名	restaurant	レストラン	호텔, 레스토랑	2
55.	房间	fángjiān	名	room	部屋	방. 객실	8
56.	房子	fángzi	名	house	家	집	13
57.	放假	fàng jià	动	take a holiday	休む	방학하다. 휴가로 쉬다	14
58.	飞	fēi	动	fly	飛ぶ	날다	12
59.	飞机	fēijī	名	plane	飛行機	비행기	12

60.	分	fēn	量	fen(money)	分	(화폐) 펀	1
61.	分	fēn	量	minute	分	(양사) 분	5
62.	风	fēng	名	wind	風	바람	7
63.	服务员	fúwùyuán	名	waiter, waitress	ウエイター、ウエイトレス	종업원	6
64.	附近	fùjìn	名	nearby	近く、そば	근처. 부근	13
65.	哥哥	gēge	名	elder brother	お兄さん、兄	형, 오빠	11
66.	个	gè	量	measure word	こ	(양사) 개, 명	1
67.	给	gěi	动	give	あげる	주다	1
68.	公司	gōngsī	名	company	会社	회사	11
69.	工作	gōngzuò	动、名	work	仕事	일하다. 일	11
70.	刮	guā	动	blow	(風が)吹く	(바람이) 불다	7
71.	拐	guǎi	动	turn	回る	방향을 바꾸다	4
72.	光临	guānglín	动	presence	出席する	왕림하다	1
73.	贵	guì	形	expensive	高い	(값이) 비싸다	7
74.	国	guó	名	country	国	나라. 국가	14
75.	过	guò	助	particle	(動詞の後に置き動作の完了を示す)すでに…した	과거의 경험을 나타내는 조사	14
76.	汉语	Hànyǔ	名	Chinese	中国語	중국어	12
77.	好	hǎo	形	fine, good	よい	좋다. 훌륭하다	2
78.	号	hào	量	number	号室	(양사) 번	8
79.	号码	hàomǎ	名	number	番号	번호	3
80.	盒	hé	量	box	箱	상자	1
81.	和	hé	连	and	と、や	……와. ……과	11
82.	黑色	hēisè	名	black	黒い	검은색	10
83.	很	hěn	副	very	とても	아주. 매우	14
84.	后	hòu	名	behind	後ろ	뒤, 후	2
85.	后	hòu	名	after	後	뒤. 후	3
86.	欢迎	huānyíng	动	welcome	歓迎する	환영하다	1
87.	还	hái	副	still	まだ	여전히. 아직도	6
88.	还是	háishì	连	or	あるいは	또는. 혹은	9
89.	回	huí	动	return	戻る	돌아오다. 돌아가다	14

90.	回来	huílai	动	be back	戻る	돌아오다	3
91.	回家	huíjiā		go home	帰宅	집에 가다	
92.	活期	huóqī	名	current (deposit)	当座（預金）	당좌. 당좌예금(수시로 인출 가능한 예금)	9
93.	机票	jīpiào	名	air ticket	飛行機の切符	비행기표	12
94.	鸡肉	jīròu	名	chicken	鶏肉、チキン	닭고기	6
95.	几	jǐ	代	how many	いくつ	몇	5
96.	家	jiā	名	family	家	가정. 집안. 집	11
97.	价格	jiàgé	名	price	価格	값. 가격	13
98.	假期	jiàqī	名	holiday, vacation	休み	휴가기간. 휴일	14
99.	间	jiān	量	measure word	部屋、軒	칸 (방을 세는 양사)	8
100.	件	jiàn	量	measure word	件	옷, 물건 등을 세는 양사	1
101.	见	jiàn	动	meet	会う	만나다	5
102.	健康	jiànkāng	形	healthy	健康だ	건강하다	14
103.	角(毛)	jiǎo(máo)	量	jiao (money)	かく	(화폐) 마오, 쟈오	1
104.	姐姐	jiějie	名	elder sister	お姉さん、姉	누나, 언니	11
105.	今年	jīnnián	名	this year	今年	올해	11
106.	今天	jīntiān	名	today	今日	오늘	5
107.	进步	jìnbù	动	make progress	進歩する	진보하다	14
108.	经济	jīngjì	名	economy	経済	경제	11
109.	经理	jīnglǐ	名	manager	社長	지배인. 사장. 매니저	11
110.	九	jiǔ	数	nine	きゅう、く	구(아홉)	1
111.	烤鸭	kǎoyā	名	roast duck	北京ダック	오리구이	14
112.	可乐	kělè	名	coke	コカコーラ	콜라	1
113.	可是	kěshì	连	but	しかし	그러나. 그런데	12
114.	可以	kěyǐ	动	can,may,could, might,should	～ていいですか	……할 수 있다, 가능하다	12
115.	空调	kōngtiáo	名	air condition	エアコンディショニング	에어컨	8
116.	口	kǒu	量	measure word	口	식구 (사람을 세는 양사)	11
117.	裤子	kùzi	名	trousers	ズボン	바지	1

118.	快	kuài	形	fast	速い	빠르다	10
119.	快乐	kuàilè	形	happy	楽しい	즐겁다, 행복하다	14
120.	快(要)	kuài(yào)	副	be about to	まもなもうすぐ、ほどなく	곧 ……하다	14
121.	辣	là	形	hot	辛い	맵다	6
122.	来到	láidào		arrive	到着する	도착하다. 오다	14
123.	蓝色	lánsè	名	blue	青色	파란색	10
124.	了	le	助	particle	た	동작 또는 변화의 완료를 나타내는 조사	2
125.	冷	lěng	形	cold	寒い	춥다	7
126.	利率	lìlǜ	名	interest rate	利率	이자율	9
127.	两	liǎng	数	two	二つ	둘	1
128.	零	líng	数	zero	ゼロ	영, 공	1
129.	留	liú	动	leave behind	残す、残る	남겨두다	13
130.	六	liù	数	six	ろく	육(여섯)	1
131.	路口	lùkǒu	名	crossing	交差点	갈림길. 길목	4
132.	路人	lùrén	名	passerby	通行人	행인	4
133.	旅行	lǚxíng	动	journey, trip	旅行	여행하다	14
134.	妈妈	māma	名	mother	お母さん、母	어머니	11
135.	马上	mǎshàng	副	immediately	すぐ	곧	14
136.	吗	ma	助	used at the end of questions	か	의문문 끝에 쓰이는 조사	6
137.	买	mǎi	动	buy	買う	사다	12
138.	慢	màn	形	slow	遅い	느리다	10
139.	没(有)	méi(yǒu)	副	not, no	ない、いいえ	부정을 나타내는 조사	14
140.	没有	méiyǒu	动	not have	ない	없다. 가지고 있지 않다	8
141.	每	měi	代	each	ごとに、毎	각. ……마다	12
142.	妹妹	mèimei	名	younger sister	妹	여동생	11
143.	米饭	mǐfàn	名	rice	ライス	쌀밥	6
144.	面包	miànbāo	名	bread	パン	빵	1
145.	名字	míngzi	名	name	名前	이름	6

146.	明天	míngtiān	名	tomorrow	明日	내일	7
147.	哪儿	nǎr	代	where	どこ	어디	2
148.	那	nà	代	that	それ	저. 저것	10
149.	那儿	nàr	代	there	あそこ	거기	14
150.	南	nán	名	south	南	남	2
151.	呢	ne	代	used at the end of questions	疑問文の文末に用い,答えを催促する気分を表す.諾否疑問文（イエスかノーかを尋ねる問い）以外の質問に用いる	의문문 끝에 쓰이는 조사	11
152.	能	néng	动	can	できる	……할 수 있다	10
153.	你	nǐ	代	you	あなた	너	1
154.	年	nián	名	year	年	년, 해	5
155.	年纪	niánjì	名	age	歳	나이, 연세	11
156.	您	nín	代	you(with respect)	あなた	당신 ("你"의 높임말)	1
157.	牛奶	niúnǎi	名	milk	牛乳、ミルク	우유	1
158.	牛肉	niúròu	名	beef	牛肉、ビーフ	소고기	6
159.	暖和	nuǎnhuo	形	warm	暖かい	따뜻하다	7
160.	爬山	pá shān		climb up a mountain	登る	등산하다	7
161.	便宜	piányi	形	cheap	安い	(값이) 싸다	7
162.	漂亮	piàoliang	形	beautiful	きれいだ	예쁘다. 아름답다	14
163.	瓶	píng	量	bottle	本	(양사) 병	1
164.	平(方)米	píng(fāng)mǐ	量	square meter	平方メートル	(양사) 평방 미터	13
165.	七	qī	数	seven	しち、なな	칠(일곱)	1
166.	其他	qítā	代	other	ほか	기타. 그 외	9
167.	起飞	qǐfēi	动	(of aircraft) take off	離陸する	(비행기가) 이륙하다	12
168.	千	qiān	数	thousand	せん	천	1
169.	钱	qián	名	money	お金	돈	1
170.	前	qián	名	in front of	前	앞, 전	2

171.	前台	qiántái	名	information desk	受付	접수처. 안내소	8
172.	晴天	qíngtiān	名	sunny day	晴れ	맑은 날(하늘)	7
173.	请	qǐng	动	please	どうぞ	부탁하다. 요청하다	3
174.	去	qù	动	go	行く	가다	2
175.	然后	ránhòu	连	then	それから	그리고 나서. 그러한 후에	4
176.	人	rén	名	person	人	사람	11
177.	日(号)	rì(hào)	名	date	日	일, 날	5
178.	三	sān	数	three	さん	삼(셋)	1
179.	上班	shàng bān	名	on duty	出勤する	출근하다	12
180.	上海	Shànghǎi		Shanghai	上海	상해	12
181.	上课	shàng kè	动	attend class, give a class	授業を受ける、授業をする	수업하다	12
182.	上午	shàngwǔ	名	a.m.	午前	오전	5
183.	稍	shāo	副	a bit, a little	ちょっと	조금. 잠시	6
184.	(摄氏)度	(shèshì)dù	名	centigrade	度	(섭씨) 도	7
185.	身体	shēntǐ	名	body	体	신체, 건강	14
186.	生日	shēngrì	名	birthday	誕生日	생일	14
187.	什么	shénme	代	what	何	어떤. 무엇	4
188.	十	shí	数	ten	じゅう	십(열)	1
189.	时间	shíjiān	名	time	時間	시간	9
190.	是	shì	动	be	です、だ	……이다	3
191.	收银员	shōuyínyuán	名	cashier	領収者	계산원. 캐셔	1
192.	售货员	shòuhuòyuán	名	salesman	店員、販売員	판매원	10
193.	售票员	shòupiàoyuán	名	booking clerk	出札係、車掌	매표원	12
194.	双	shuāng	量	pair	ペア	(양사) 쌍, 켤레	1
195.	谁	shuí	代	who	誰	누구	3
196.	说	shuō	动	say, speak	言う、話す	말하다	4
197.	司机	sījī	名	driver	運転手	운전사	2
198.	四	sì	数	four	し、よん、よ	사(넷)	1
199.	酸	suān	形	acid	すっぱい	시다	6

200.	岁	suì	量	year	歳	(양사) 살, 세	11
201.	岁数	suìshu	名	age	歳	나이, 연세	11
202.	他	tā	代	he	彼	그	3
203.	她	tā	代	she	彼女	그녀	3
204.	太	tài	副	too	とても	너무. 몹시	10
205.	套	tào	量	set	セット	채. 벌. 세트 (집이나 옷, 세트로 된 물건 등을 세는 양사	13
206.	天	tiān	量	day	日	(양사) 일	8
207.	天气预报	tiānqì yùbào		weather forecast	天気予報	일기예보	7
208.	甜	tián	形	sweet	甘い	달다	6
209.	条	tiáo	量	measure word	本	가늘고 긴 것을 세는 양사	1
210.	听说	tīngshuō	动	hear about	そうだ	듣기로	14
211.	通知	tōngzhī	动	inform	知らせる	통지하다. 알리다	13
212.	晚上	wǎnshang	名	evening, night	夜	저녁. 밤	5
213.	碗	wǎn	量	bowl	茶碗	주발. 사발	6
214.	往	wǎng	介	to, towards	へ、に	……쪽으로. ……을 향해	4
215.	喂	wèi	叹	Hello	もしもし	여보세요	3
216.	问	wèn	动	ask, inquire	聞く	묻다	4
217.	我	wǒ	代	I	私	나	2
218.	五	wǔ	数	five	ご	오(다섯)	1
219.	西	xī	名	west	西	서	2
220.	希望	xīwàng	动	hope, wish	望む	바라다. 희망하다	14
221.	喜欢	xǐhuan	动	like	好きだ	좋아하다	10
222.	下(雨/雪)	xià(yǔ/xuě)	动	(of rain, snow, etc.)fall	雨／雪が降る	(비, 눈 등이) 내리다	7
223.	下	xià	动	(used after a verb) indicating the completion of an action	～切る、～あがる	동사의 뒤에 쓰여 동작의 완성이나 결과 등을 나타냄	13
224.	下次	xiàcì		next time	今度	다음 번에	1
225.	下课	xià kè		finish class	授業が終わる	수업이 끝나다	13
226.	下午	xiàwǔ	名	afternoon	午後	오후	5

227.	先	xiān	副	first	まず	먼저. 우선	4
228.	咸	xián	形	salty	塩辛い	짜다	6
229.	现在	xiànzài	名	now	今	지금	5
230.	香港	Xiānggǎng	专名	Hongkong	香港	홍콩	14
231.	想	xiǎng	动	want	～たい	……하고 싶다. 원하다	5
232.	消息	xiāoxi	名	information	情報	소식. 정보	13
233.	小时	xiǎoshí	名	hour	～時間	시간	12
234.	鞋	xié	名	shoe	くつ	신발	1
235.	谢谢	xièxie	动	thank you	ありがとうございます	고맙습니다. 감사합니다	2
236.	星期	xīngqī	名	week	週	주, 요일	5
237.	行	xíng	动	all right	いい	좋다. 괜찮다	5
238.	学习	xuéxí	动	learn	勉強する	공부하다	9
239.	学校	xuéxiào	名	school	学校	학교	13
240.	雪	xuě	名	snow	雪	눈	7
241.	要	yào	动	want	要る	원하다. 바라다	6
242.	也	yě	副	also, too	も	……도. 또한	14
243.	业务	yèwù	名	professional work, business	業務	업무. 일	9
244.	一	yī	数	one	いち	일(하나)	1
245.	(一)点儿	(yì)diǎnr		a bit, a little	すこし	조금	6
246.	一共	yígòng	副	altogether	総計	모두. 전부	1
247.	一……就……	yī……jiù……		as soon as	…と…	……하자마자 곧……	13
248.	医生	yīshēng	名	doctor	医者	의사	11
249.	医院	yīyuàn	名	hospital	病院	병원	2
250.	阴天	yīntiān	名	cloudy day	曇	흐린 날(하늘)	7
251.	银行	yínháng	名	bank	銀行	은행	2
252.	有	yǒu	动	have	ある、持つ	가지고 있다. 소유하다. 있다	8
253.	有点儿	yǒudiǎnr	副	somewhat	ちょっと	조금. 약간	6
254.	右	yòu	名	right	右	오른쪽, 우	2
255.	愉快	yúkuài	形	pleasant	楽しい	즐겁다	14
256.	鱼肉	yúròu	名	fish	魚	생선	6

257.	雨	yǔ	名	rain	雨	비	7
258.	预期	yùqī	动	expect, anticipate	見込む	예상하다. 예기하다	13
259.	元(块)	yuán(kuài)	量	yuan	げん	(화폐) 위안, 콰이	1
260.	月	yuè	名	month	月	월, 달	5
261.	在	zài	动	be at, be on	ある、いる	……에 있다	2
262.	再	zài	副	again	もう一度	다시	4
263.	再	zài	副	more	また	더	10
264.	早上	zǎoshang	名	morning	朝	아침	5
265.	怎么	zěnme	代	how	どう	어떻게	4
266.	怎么样	zěnmeyàng	代	how about	どう	어떻습니까. 어떻게	5
267.	张	zhāng	量	piece	枚	장 (종이, 표 등을 세는 양사)	12
268.	找	zhǎo	动	give(change)	おつりをあげる	거슬러 주다	1
269.	找	zhǎo	动	find	見つける	찾다	3
270.	这	zhè	代	this	これ	이. 이것	10
271.	知道	zhīdào	动	know	知る	알다. 깨닫다	6
272.	中国	Zhōngguó		China	中国	중국	2
273.	中号	zhōnghào	名	medium size	Mサイズ	중간 사이즈	10
274.	中介	zhōngjiè	名	agency	代理店	중개업체. 중개	13
275.	中午	zhōngwǔ	名	noon	昼間	정오	5
276.	猪肉	zhūròu	名	pork	豚肉	돼지고기	6
277.	住	zhù	动	stay	住む	묵다	8
278.	祝	zhù	动	wish	祝う	기원하다, 빌다	14
279.	专业	zhuānyè	名	major	専攻	전공	11
280.	走	zǒu	动	walk	歩く	가다. 걷다	4
281.	租	zū	动	rent	(有料で)借りる	임대하다, 임차하다	13
282.	左	zuǒ	名	left	左	왼쪽, 좌	2
283.	左右	zuǒyòu	名	about	ぐらい、ほど	약, 대략	13
284.	坐(飞机)	zuò	动	take	(飛行機に)乗る	(비행기를) 타다	12
285.	做	zuò	动	do	する、やる	하다	14

语言点索引

序号	语言点	出处
1.	"半"的表示	12
2.	从……到……	12
3.	"比"字句	7
4.	"的"字结构	10
5.	电话号码表示法	3
6.	动词+过	14
7.	房间号码的表示法	8
8.	简单的方位词	2
9.	快(要)……了	14
10.	钱数表示法	1
11.	日期表示法	5
12.	"是"字句	3
13.	数量结构	1
14.	数量结构+左右	13
15.	太……了	10
16.	先……然后……	4
17.	小数的表示	9
18.	形容词+一点儿	10
19.	询问数字	8
20.	一……就……	13
21.	疑问词"多少"	1

22.	疑问词"几"	5
23.	疑问词"哪儿"	2
24.	疑问词"什么"	6
25.	疑问词"谁"	3
26.	疑问词"怎么"	4
27.	疑问代词"怎么样"	7
28.	用"……还是……"提问	9
29.	用肯定与否定形式相叠提问	8
30.	用"吗"提问	6
31.	用"呢"提问	11
32.	用"行吗/可以吗"提问	12
33.	用疑问副词"多"提问	9、11、13
34.	有点儿+形容词	6
35.	"有"字句	8
36.	钟点表示法	5
37.	祝+代词+……	14